「一流の存在感」がある女性の

振る舞いのルール

EXECUTIVE PRESENCE FOR WOMEN by YURIE MARUYAMA

丸山ゆ利絵
プレゼンスコンサルタント®

日本実業出版社

はじめに

本書を手にとっていただき、ありがとうございます。プレゼンスコンサルタントの丸山ゆ利絵と申します。

「軽く見られてしまう」「自分に自信が持てない」「ワンランク上のステージに」もし、あなたがこうしたことに悩み、課題を感じているなら、本書で紹介する「エグゼクティブ・プレゼンス」はきっと役に立つはずです。

■「エグゼクティブ・プレゼンス」はプロの必須要件

まず、「エグゼクティブ・プレゼンス」とはなにか、説明しましょう。

「エグゼクティブ・プレゼンス」とは、「社会的な地位、職位や社格、専門性にふさわしい存在感」のことです。「オーラ」という表現が最もわかりやすいかもしれません。出会った瞬間に、仕事ができそうな印象を受ける、「なにかが違う」と品格や貫禄を感じさせるオーラのようなものです。
この「エクゼクティブ・プレゼンス」は、外資系の金融機関やコンサルティングファームでは、経営幹部の必須要件とされています。「プレゼンス」の有無や高低が、昇進や要職への抜擢を左右すると言われているほどです。

なぜ、それほどまでに「エグゼクティブ・プレゼンス」が重視されているのでしょうか？

職位や専門性が高くなるほど、それ相応の人たちと交流する機会が多くなります。重要顧客との商談や会食、業界の会合やパーティなどに出席する機会が増え、企業の顔として振る舞う機会が増えます。

しかるべきシーンで、洗練された振る舞いができるかどうかは、会社や組織のブランドイメージを大きく左右します。ここで「エグゼクティブ・プレゼンス」を発揮すれば、企業としての信頼感につながり、ビジネスチャンスにもつながるのです。

日本でも、「エグゼクティブ・プレゼンス」の研修を実施する会社が増えています。個人でも、外資系企業の幹部、弁護士や会計士などの士業、プロフェッショナル、高額商品を扱うビジネスオーナーやセールスパーソンを中心に、「エグゼクティブ・プレゼンス」を学ぶ人が増えています。

二〇一五年に拙著『「一流の存在感」がある人の振る舞いのルール』（日本実業出版社）を出版した当時から見ても、「エグゼクティブ・プレゼンス」の認知度は上がっており、熱心に学ぶ人たちが増えていると私も実感しています。

■「エグゼクティブ・プレゼンス」を学ぶ女性が急増

この数年間で、さらに大きな変化がありました。それは「エグゼクティブ・プレゼンス」を学ぶ女性が増えたことです。ビジネスシーンで、すばらしい活躍を見せる女性が増えているからでしょう。セミナー参加者やクライアントの男女比も、以前は9：1だったのが、現在では5：5ほどと女性の割合が増えています。

そして、そうした女性たちと話をしていると、みなさんじつに優秀です。

お話を聞いていると、卓越した実績と聡明な知性の持ち主で、すばらしいキャリアを積んできた方ばかりです。惜しむらくは、そうしたすばらしい魅力がじっくり話したあとで初めて伝わってくるということです。

「自分の魅力」の見せ方という点で、もったいないことをしている人がたくさんいるのが、惜しくてなりません。

「エクゼクティブ・プレゼンス」についての知識を持ち、振る舞えるようになれば、「自分の魅力」を最高に引き出し、瞬時に相手に伝えられるようになります。

ここでの**魅力とは、「きれい、かわいい」とは一線を画すものであり、ビジネスパーソンとしてさらに活躍するためのもの**です。

顧客から「あなたにお願いしたい」と依頼される。

「あなたと同じチームでよかった」と部下から信頼を勝ち取る。

「あなたにこの仕事を任せたい」と上司から昇進・抜擢を打診される。

「あなたにぜひ我々の会社に来てほしい」と転職のオファーを受ける。

あくまで一例ですが、**自分の魅力を最高に引き出すことができれば、「バイネーム（名指し）」で選ばれる機会が増えます。**

■ 男性中心の社会と感じる人こそ「存在感」を磨く

社会に目を転じると、まだまだ男性中心の社会だと感じている人も多いのではないでしょうか？　自分が男性だったらどうだっただろうかと、いちどは考えたことがある人も多いのではないかと思います。

たしかに、女性への特有の偏見もまだまだ存在します。

たとえば、「女性は感情的」などと一括りにされることや、よきにつけ悪しきにつけ同じことをしても男性よりも目立つことがあります。なかには、女性というだけで理不尽な扱いを受けて、悔しい思いをしたことがある人もいるでしょう。

こうした環境であるからこそ、**ご自身の「存在感」で周囲を変えるぐらいの「したたかさ」と軽くあしらう「しなやかさ」を兼ね備えた、「凛とした大人の女性」になる**ことが必要だと私は考えています。

そこで本書では、「エグゼクティブ・プレゼンス」の知識やテクニックを紹介し、あなたが「存在感」を発揮できるように応援します。

本書が、あなたの魅力を最高に引き出し、選ばれる存在になり、ビジネスでのさらなる活躍につながれば、著者としてこれ以上にうれしいことはありません。

では、さっそくご説明してまいりましょう。

「一流の存在感」がある女性の振る舞いのルール◎目次

はじめに

CHAPTER 0
「エグゼクティブ・プレゼンス」とはなにか？

1 「与えたい印象」をもとに「最善の振る舞い」を選ぶ……12
2 「ロールモデル探し」をやめる……16
3 「見せ方」をコントロールする意識を持つ……20
COLUMN 「外見より実力」はなぜ間違いなのか？ 24

CHAPTER 1
第一印象は「表情・姿勢」で決まる

4 鏡はエグゼクティブ・プレゼンスの入り口である……26
5 凛とした品格は「姿勢」で演出できる……31
6 「肌」だけでなく「表情」もケアする……36
7 エグゼクティブの武器としての笑顔……41
8 商談では手を意識する……46
9 座り方が品を左右する……52
COLUMN 靴底の減り具合で歩き方をチェックする 53

CHAPTER 2 品格を演出する「服」を着る

10 女性の「ビジネスアタイア」はこう考える……60
11 女性誌を鵜呑みにしない……66
12 「パンツスーツ」をはいてはいけない？……72
13 「サイズ感」が印象を決める……78

14 「衿（えり）」一つで印象は変わる……84
15 「白」は最強のカラーである……89
16 「パーソナルカラー」はもはや定番……94
17 プレーンパンプスこそ履き分ける……100
18 「プロの知恵」を賢く借りる……104
COLUMN シャネルスーツは発表当初、不評だった？ 110

CHAPTER 3 凛とした印象は「ディテール」でつくる

19 色・柄・素材で「格」を出す……112
20 柄は「全身で一つ」が正解……118
21 「甘い×甘い＝できない印象」……123
22 デコルテで「抜け感」をマネージする……129
23 「ひたい」にビジネス感が現れる……135

24 スカート丈こそ勝負どころ……141
25 メイクはやはり武器になる……146
26 ひかえめと地味は違う……152
COLUMN 「カジュアル化」と「エグゼクティブ・プレゼンス」……158

CHAPTER 4 「ブレない言動」で信頼を勝ち取る

27 抜擢・昇進には即座に「はい」と答える……160
28 部下は引っ張らなくてもいい……164
29 人の評価は3＋3で……168
30 「メリット・デメリット・リスク」で判断する……174
31 「最優先すべきこと」をはずさない……180
32 成功パターンを押しつけずに見守る……185
33 「年齢」ではなく「ステージ」で考える……191

CHAPTER 5 「安心」で人を動かすコミュニケーション

34 「声のトーン」をコントロールする……196
35 言葉づかいは「丁寧」が基本……201
36 「ありがとう」で終わらせない……205
37 叱るときは「状況・行動・能力」を意識する……209
38 マナーは「エグゼクティブの能力」である……215
39 食事の前に写真を撮らない……219
40 「かいがいしさ」を美徳にしない……223
41 レディファーストは「リテラシー」……229
COLUMN 「女性ならではの感性」に振り回されない 235

おわりに

カバーデザイン◎中村勝紀（TOKYOLAND）
撮影協力◎霜越春樹
DTP◎一企画

CHAPTER 0

「エグゼクティブ・プレゼンス」とはなにか？

RULE 1

「与えたい印象」をもとに「最善の振る舞い」を選ぶ

「エグゼクティブ・プレゼンス」とは、「社会的な地位、職位や社格、専門性にふさわしい存在感（オーラ）」のことです。出会った瞬間に、仕事ができそうな印象を受ける、「なにかが違う」と品格や貫禄を感じさせるオーラのようなものです。

■「プレゼンス」があれば「心理的優位性」が得やすくなる

「エグゼクティブ・プレゼンス」のある人は、立場にふさわしく堂々とした態度が身についている、装いや身だしなみが確かであるなど、一段上の品格や振る舞いが備わっていて、余裕と威厳があります。一般社会やビジネスの世界で必要とされる「信頼感や有能感」を感じさせます。**セレブや上級マダムの世界のようなきらびやかさや贅沢な優雅さとは違う種類のもの**なので、そこは間違えないでください。

ビジネスのワンシーンを想像してみるとわかりやすいでしょう。商談で初めて会うとき、立ち居振る舞いがしっかりとしていて落ち着きのある人と、そうではない人とでは、相手の担当者が持つ興味や商談に臨む姿勢はどう違うでしょうか。

これからプレゼンをする場面で、話し手が「できそう」「落ち着いて聞けそう」などと最初から聞き手に安心感を与えられる場合と、「パッとしない」と不安を感じさせる場合では、プレゼンの提案そのものの印象はどれだけ変わるでしょうか。

「○○社の担当責任者」と紹介された人の態度や立ち居振る舞い、装いにどこか品格を感じる場合と、感じない場合では「○○社」の印象にどんな違いが出るでしょうか。

自分が見る立場で想像するとわかると思いますが、**「エグゼクティブ・プレゼンス」がある人は、第一印象で人から期待や信頼を持たれ、敬意を払われます。**商談でもプレゼンでも、その場における「心理的優位性」を得やすくなり、人が人に対して感じる無意識の評価を上げる役割を果たすのです。

人間はまず無意識で感覚的に反応します。理性や思考はこの反応に影響されます。誰かの印象がごく好ましく、敬意を感じるものであり、期待感をもたらすようなものであれば、その誰かに対する理性的な評価も高くなるのが自然です。

高い評価からスタートできる人はできない人に比べ、携わっている仕事の進み方や成果にスピード感を与え、ビジネスに好影響をもたらすのです。それだけではなく、尊敬や信頼を得やすく、日常での影響力を高め、人間関係や組織運営でもプラスになるのです。これこそ、エグゼクティブ・プレゼンスは「上に立つ人に必須の資質」と言われる所以です。

「エグゼクティブ・プレゼンス」がもたらす「さすが」「頼れそう」という感覚は、クライアント、取引先、上司、部下などとの関係にもよい影響を与えます。部下から「さすが」と思われる場合とそうでない場合があれば、指導や統率力に差が出ます。

もし、あなたが今後もっと活躍したい、成長したい、あるいは、仕事に自信があるのに成果や評価が今一つ、ライバルに一歩遅れていると感じるなら、なおさら必要なものです。

■必要なことを学び、意志を持って振る舞いを選ぶ

「エグゼクティブ・プレゼンス」は、大きく分けると「**印象コントロール**」「**コミュニケーション**」「**自己設計**」で構成されます。

「自己設計」とは、自分という存在をよく知り「与えたい印象」をしっかり認識することです。

それが明確になれば、自分の見え方や見せ方をふまえて服を選ぶなど、「印象コントロール」しやすくなりますし、「コミュニケーション」も自分の影響力をふまえて冷静に効果的な手段を選ぶことができます。それは、人や流行に左右され、意味がわからないまま「見せかけ」だけをよくすることとは違います。

まず「なりたい自分」がいて、そのために「最善の振る舞い」を選ぶ。このような人が存在感を高め、人に影響を与える存在になるのです。

POINT

✕ 服装など表面的な「見せかけ」だけをよくする

○ 「なりたい自分」から「見せ方」を選ぶ

RULE 2

「ロールモデル探し」をやめる

「ロールモデルがいない」。多くの方が口にする言葉です。とくにキャリア女性は、そう言って、振る舞いの選択に悩んでいることが多いようです。

「女性初の○○」という女性や、「自分以外は全員男性」という部署にいる女性が、そう感じるのも無理のないことかもしれません。

■女性向けのビジネスシーンの情報は少ない？

そうした女性が求めている「ロールモデル」とは、自分の将来を想像できるような、すばらしい活躍をしている女性のことのようです。ビジネスシーンでの振る舞いやファッションだけではなく、公私ともに充実させているようなイメージでしょうか。

社内など身近なところにロールモデルがいないというときには、インターネットや雑誌といったメディアで情報を収集します。

そのときに、「きれい、かわいい、おしゃれ」といったトーンで情報を集めることはできるものの、その女性たちがビジネスシーンで求める情報は探しにくいといった声をよく聞きます。

たとえば、「今度の大事なプレゼンで着ていくスーツの情報を探してたんですけど、保護者会のものしか見つけられなくて……。それはちょっと違いますよね」などと、自分の求める情報にうまくたどり着けないといったことがあるようです。

こういうときに、「ロールモデルがいたらいいのに」と思う気持ちはよくわかります。

そうしたモデルがいれば、ファッション以外にも、女性が求めるビジネスでの成功体質のつくり方、たとえば、ブレない振る舞い、影響力を高める要素、風格や迫力の身につけ方などを教えてもらえるのに、と感じるのは自然なことだと思います。

■「凛とした人」になりたい

あなたはどんな人になりたいですか？

日本で「エグゼクティブ・プレゼンス」を意識した人が目指す女性像は、欧米的なイメージとはすこし違うように感じます。というのも、ここ数年女性のクライアントが増えるなかで、みなさんのお話を聞いていると、**ほとんどの人が「凛とした人になりたい」と口にする**からです。

「凛とした」の意味は、「態度や姿などがりりしくひきしまっているさま」（大辞林）です。英語に訳そうとすると「威厳」「品位」「気高さ」など似た印象を表す単語もありますが、パワフルなイメージが勝ってしまい、どうもぴたっとは合いません。

女性が威厳や品位、気高さ以外に、「凛」という言葉に見ているのは、**パワフルなだけでなく竹のような「しなやかさ」**です。男性文化を土台とし、男性論理がまだ根強い「ビジネス」という場所で、女性としてのアイデンティティを失わず、揺らがず、のびやかにステージを上げる自分のイメージがこめられている気がします。

もしあなたもこんなイメージを持つのなら、「エグゼクティブ・プレゼンス」は役に立つでしょう。エグゼクティブ・プレゼンスは、先に言ったように「上に立つ人にふさわしい上質な存在感」です。媚びがなく、堂々として、しなやかに振る舞い、人の信頼感や期待感を得ることです。

それを手に入れるためにいちばん大事なのは、前項で書いたように「『与えたい印象』をもとに『最善の振る舞い』を選ぶ」ことです。「なりたいイメージ」があるなら、「自分はどんな振る舞いを選ぶべきか」を意識するだけでも成功体質に近づきます。

なかなか見つからないロールモデル探しをやめて、「どんな振る舞いができるようになるか」自分のイメージを広げましょう。お手本としたい人や憧れる人は、男女問わずこれから何人でも見つけていいと思います。しかし、**あなた自身のなかにある「なりたい自分」が一番のロールモデル**です。まずそれを見つけてください。

POINT

× 「ロールモデルがいない」と嘆く
○ 「自分がどうなりたいか」を自問する

RULE 3

「見せ方」をコントロールする意識を持つ

女性からの相談が増えるにつれ、同じような質問をよく受けるようになりました。「日本人の著名な女性（経営者や専門家、政治家など）でエグゼクティブ・プレゼンスを感じる人はいますか」という質問です。女性のロールモデル探しとも関係があるのでしょう。しかし、これはたいへん答えにくい質問です。

■上に立つなら無頓着ではダメ

もちろん、立派な業績を残している女性は日本にも多く、グローバルに活躍している方も数多くいます。そんな「実力」に引き換え、自分の「見え方・見せ方」をきちんと意識し戦略的に捉えている人が少ない気がするのです。たとえば服装です。

以前、「服装の間違い例」として筆頭に上がっていた女性大臣がいたことを覚えているでしょうか。公の場や堅い場面でのミニスカートやブーツ、フリル、レース使いなど、新人であればまだしも、成熟した女性には似つかわしくない「かわいさ」を強調した服装でした。一般の大人としても首をかしげたくなる印象でしたが、政治家としてのご本人の資質はもちろん国や女性政治家のイメージも疑われました。

問題であったのは、一国の大臣である人が、そして能力ある専門職として確立された存在の人が、あまりに「自分の見え方」に無頓着《むとんじゃく》であり、かつTPOの知識もないことを露呈してしまったことです。自分だけではなく、仕事の質、関わる団体や人々といった「自分以外」のイメージも左右します。

社会的な地位や職位が上がるほど、人からの注目も集まるようになります。それなのに、「他人からどう見えるか」に無頓着であってはいけません。

■「見え方」を考えるしたたかさを持つ

かの大臣と程度の差はあれ、似た失敗をしてしまう例は、キャリア女性にも少なくありません。服装で悩むのは男性も女性も変わりませんが、男性はまだ「ビジネススーツ」という確立された服装ジャンルがあり、職業意識や能力を正当に示す服装を選択することはルールさえ押さえれば容易です。

服装に「ビジネス」があらかじめ組み込まれているため、テーラーを始めとする服の売り手にもその知識を期待でき、しっかりした店ならアドバイスも有効です。

対して、女性服では、非常に高額なキャリアブランドはまだしも、一般的な既製服店では「ファッショナブルなカジュアル服」か「リクルート的な無難ビジネス服」しか見つかりません。成熟した理知的な大人、能力ある女性のためのアイテムは極少です。同様に店舗スタッフにもアドバイザーとしてそれほど期待できません。なにかアイテムを手に入れようとすれば、それを求める女性自身にビジョンが必要なのです。

服装にかぎらず、**女性が実際の能力、役割や立場、そして責任に見合った「見え方・見せ方」を選ぶためには、本人側にそれ相応の「意識」「知識」が必要**でしょう。戦略的に「見え方」を考えるしたたかさがいるのです。

私は、日本の女性は、「**しなやかさ**」を持つと同時に、その柔軟な姿勢を崩さないまま勝負や戦いに身構えられる「**したたかさ**」を潜在的に持ち合わせていると考えています。

しかし、懸命に仕事をすることに埋没してしまうと生真面目が表に出てしまい、**自分の「見え方・見せ方」を「しなやかに・したたかに」コントロールできている人は少ない**と感じます。だからこそ、日本では「エグゼクティブ・プレゼンス」を感じるような、「この人なら」「さすが」という雰囲気の持ち主が少ないのです。

これをコントロールする意識こそ、日本の女性エグゼクティブが磨くべきものです。

そのために、本書では基本的な姿勢や表情、動作、女性の仕事での装い、といった外見に関わるもの、人への接し方、話し方などのコミュニケーションに関わるもの、上に立つ人としての意識や考え方、そして人前での振る舞いやマナーについて総合的にお話ししています。それらのテクニックが、あなたの「見え方・見せ方」に役立つことを願っています。

POINT

✕ 「自分の見え方」に無頓着で損をする

○ 「自分の見せ方」に戦略的になりイメージを高める

「外見より実力」はなぜ間違いなのか?

日本では「外見」より「内面」に重きを置く風潮があります。「外見よりも実力で勝負」と、装いや振る舞いを軽視する人も少なくありません。たしかに仕事そっちのけでおしゃればかり気をつかうのならば、ビジネスパーソンとして完全に間違いです。

あくまで私見ですが、日本でそうした風潮が生まれたのは戦後からではないでしょうか。

まだ国全体がたいへん貧しく、身につけるものも思うようにいかなかった時代に、「今はこんな格好しかできないが、中身までみすぼらしくなってはいけない」と自らを鼓舞したのが始まりではないかと思うのです。

見方を変えれば、「本来なら外見は中身とつりあうようにするべき」と考えられていたことを表しているとも言えます。

欧米では「外見は中身を表すもの」という考え方が一般的です。とくに、エグゼクティブ・クラスなら振る舞いや服装で信頼や期待を勝ち取る「見せ方の巧《うま》さ」も仕事の実力のうちとみなされています。

人を判断しようとするとき、まず目に入るのは外側です。「実力」や「中身」がわかるようにすることは、誰にとっても必要なことなのです。

CHAPTER 1

第一印象は「表情・姿勢」で決まる

RULE 4

鏡はエグゼクティブ・プレゼンスの入り口である

「エグゼクティブ・プレゼンス」を身につけるためには、印象をコントロールする意識が欠かせません。周囲や他人から「どう見えるか」を意識したうえで、表情や動作、声や話し方、服装などに「どう見せるか」に気を配ることが必要です。

つまり、**まず自分を客観視することが求められます。そこで活用したいのが「鏡」**です。「鏡はエグゼクティブ・プレゼンスの入り口である」と言っても過言ではないほど、大切なアイテムなのです。

■鏡にも「いい鏡」と「悪い鏡」がある？

さて、あなたは家でどのような鏡を使っていますか？

私のセミナーや個人トレーニング、コンサルティングでは、必ず質問します。

じつは、**鏡にも「いい鏡」と「悪い鏡」がある**のです。

いい鏡と悪い鏡の基準は、「周囲から見えている自分の姿＝本当の自分」をチェックできるかどうかです。

悪い鏡とはどのようなものでしょうか？

まず、洗面所などの鏡はよくありません。

自分の顔や上半身など、身体の一部しか映し出せないからです。人は、全身で人の印象を判断します。顔や上半身を見るだけでは、客観的に自分を見ているとは言えませんし、なにより全体のバランスをチェックできません。

相談に見える女性から、「この口紅の色はどうでしょうか？」と聞かれることがありますが、じつはお答えするのが難しい質問です。顔だけを見れば色自体はよくても、全身を見ればコーディネートのバランスや色がちぐはぐな印象になることも少なくないからです。

そして、「美人鏡」も、それだけをメインに使うのはよくありません。

以前、セミナー受講者の方から「美人鏡で自分を見たら、自信が持てるんですけど、それだけじゃダメですか?」という質問を受けました。

美人鏡とは、自分がきれいに見える鏡のことです。鏡のまわりにLEDライトがついているような、いわゆる女優鏡も美人鏡の一つと言えます。

鏡にこだわる姿勢はすばらしいものです。ただ、美人鏡はメインの鏡としてはおすすめできません。「本当の自分」を映し出しているとは言えないからです。

たしかに、顔に理想的な陰影をつくってくれて肌ツヤが出ますし、瞳にライトの光が入るため美しく見えます。この鏡に映る自分を見ると、自信が持てるという気持ちは私もよくわかります。

ただ、同じような条件で、他人から見られる場面は残念ながらほとんどありません。表情も、「キメ顔」を鏡に映していることがほとんどです。キメ顔は鏡を見ているときだけの一瞬の表情であって、こうした恵まれた条件で見られることは、一般的なシチュエーションとしてまずありません。つまり、**美人鏡で自分が見ている表情と、ふだん他人が見ている表情は別物**なのです。

■メインミラーは「垂直型の全身鏡」をおすすめ

では、スタンドミラーはいかがでしょうか？

スタンドミラーは、全身がチェックできるのでおすすめです。ただし、スタンドミラーは、角度が後ろ斜めにやや傾いている状態で、こうした角度で、人があなたを見ることはほとんどありません。


どのような鏡がおすすめかというと、**「垂直型の全身鏡（姿見）」**です。

私のセミナーやコンサルティングでは、全身鏡を持っていない方には、すぐ購入するようにおすすめしています。**この鏡に映る自分こそが、他人が自然に見る「本当の自分」**だからです。

購入をおすすめすると、「スペースの問題で置けないのですが……」と言う方もいます。最近は、壁に貼りつけられる（掛けられる）鏡や、自立式の垂直型の鏡など、さまざまなタイプの鏡が市販されています。ぜひご自身の住まいや予算に合ったものをセレクトしてください。

こうした鏡なら、全身のコーディネートやカラーのバランスをチェックできます。

実際に、全身鏡を購入した方は、「鏡を変えてから、これまで意識していなかった視点で自分を見られるようになって、身だしなみへの意識も変わりました」「これまでバランスの悪い格好をしていたのが、恥ずかしくなりました」という声を聞かせてくれます。なかには、「ダイエットするために、トレーニングを始めました」という声もあります。

鏡を変えれば、自分を客観的に見る視点が身につくのです。その視点が身につければ、行動が変わります。行動するには自覚に勝るものなし、です。

自分の身体の一部ではなく全体を映す、一瞬のキメ顔だけではなくふだんの表情をチェックする、一枚の鏡だけではなく複数の鏡でチェックする——。

こうして自分を客観視することは、ワンランク上の自信を手に入れるきっかけとなります。自分を客観視しようとする姿勢こそ、「エグゼクティブ・プレゼンス」を身につける第一歩なのです。

POINT

× 「小さな鏡」で自分の一部だけを見る

○ 「全身鏡」で自分が「どう見えるか」客観視する

RULE 5

凛とした品格は「姿勢」で演出できる

姿勢に自信がありますか？

この質問に、自信を持って「はい」と答えられる人はそういません。「姿勢が大事」と頭ではわかっていても、実際に美しい姿勢を保つのは難しいものです。

私のコンサルティングやトレーニングでは、真っ先に姿勢を意識していただきます。「エグゼクティブ・プレゼンス」のなかでも、第一印象を大きく左右する「姿勢」はきわめて重要だからです。姿勢が変われば、見え方が変わるのです。

■姿勢の悪さは「すべて」を台無しにする

強く意識していないと、姿勢はどんどん崩れていくものです。最近は、デスクワークの時間やスマホを扱う時間が長いため、本人も気づかないうちに、首が前に出てしまうことや、背中が曲がってしまうこと、下腹部がぽっこり前に出てしまうことがあります。

女性の場合、肩にバストの重さがかかることや、育児経験のある方はお子様を前に抱えることなども姿勢に影響します。それだけではなく、日本古来の「女性はひかえめに」という教えがあるために、胸を張ることをどこか遠慮してしまうこともあるかもしれません。

姿勢が悪くなる理由はいろいろですが、姿勢が悪いことはデメリットばかりです。**背中が丸まっていると、「頼りない」「疲労感」「消極性」といったネガティブな印象を相手に与えてしまいます。**

これは非常にもったいないことです。

いくら優秀で仕事ができる人でも、第一印象はどうしても頼りない印象になってしまいます。いくらクラス感を感じさせる服を着ていても、どこか野暮ったく冴えない印象になってしまうのです。

つまり、姿勢の悪さは、自分の魅力をすべて台無しにしてしまう可能性があるのです。逆に言えば、**姿勢がよくなれば、見え方がガラリと変わる**ということです。

■姿勢を保つには毎日の意識と簡単なトレーニング

では、姿勢を保つためには、どうすればいいのでしょうか？

まずは**鏡で全身をチェックする習慣を身につけてください**。

鏡を見て、背中が曲がっていたら、まっすぐな柱や壁に背中を押しつけて、正しい姿勢を身体に覚えこませてください。もしつらければ、それだけ曲がっているということです。しばらく我慢して正しい姿勢を意識してください。

そして、背筋を伸ばし、胸を張ることを忘れないでください。肩に力を入れなくていいので、肩甲骨をすこし寄せるようにするといいです。それによって鎖骨がきれいに見えることをぜひ意識してください。そして、視線をまっすぐ前に向けましょう。

それだけで凛とした雰囲気が出ます。


意識することにくわえて、**ストレッチ、筋トレ、ヨガなども日常的に取り入れて、筋肉をほぐしてみてください**。肩甲骨のまわりの筋肉を、意図的にほぐしたり伸ばしたりするエクササイズが効果的です。姿勢をきれいに保とうとすると、最初のうちはつらいかもしれませんが、それは骨格を支えている筋肉がこり固まっているせいと言われます。それをエクササイズでほぐすのです。

正しい姿勢を二週間ほど続ければ、効果は出てきます。私のクライアントは、背筋が伸びて姿勢がよくなり、会った瞬間に「変わりましたね！」と口に出してしまうほど、堂々とした印象になっていました。本人も「なんだか自分に自信が持てるようになってきました」と笑っていました。こうした例は、教えきれません。

ほかにも、「正しい姿勢を意識するようになってから、お腹がへこんできました。ダイエット効果もあるんですね」「姿勢を意識するようになってしばらくしてから、肩こりがすっかりなくなりました」などの声もあります。

■正しい姿勢はメリットばかり

正しい姿勢は自信を生み出します。

初対面の名刺交換の場面で堂々としていれば、主導権を握りやすくなります。

軽く見られてしまうことにお悩みの方は、名刺交換のときに上目づかいになっていて、相手の顔色をうかがうような自信のなさが出ていることに、一つの原因があるかもしれません。

商談で話すときや人前で話すときにも、背筋が伸びていると、自信が相手に伝わります。丸まった姿勢では、どうしても声がこもってしまうのです。正しい姿勢でいると、お腹から声を出しやすくなり、内容の説得力が強まり、話し手への信頼感も増します。

姿勢の悪さはデメリットばかりですが、姿勢のよさはメリットばかりなのです。

このように、**姿勢は、人の印象を決める重要な要素であり、「エグゼクティブ・プレゼンス」の根幹をなすもの**です。見た目だけでなく、メンタル、健康などに影響するため、働く女性にこそ気をつけてほしい部分です。

正しい姿勢をキープするためには、自分をさまざまな角度で見て客観視し、身体をメンテナンスするように心がけましょう。

POINT

✕　「背中」が丸まり、頼りなく、疲れているように見える

◯　「背中」が伸び、堂々と見え、信頼感が強まる

RULE 6

「肌」だけでなく「表情」もケアする

身だしなみの一つとして、肌の手入れはどんなに忙しくても欠かさない。そんな意識の高い女性は、コスメ、エステ、美容家電といった自己投資の意欲も高く、頼もしいかぎりです。

さて、あなたは「表情」もきちんと手入れもできているでしょうか？

■表情は口ほどに物を言う

「コミュニケーションを改善したい」という動機で、コンサルティングに見える管理職や女性役員は少なくありません。そうした方たちの課題の一つは、「表情の乏しさ」にあります。つまり、表情に「メリハリ」がないのです。

表情が乏しいと、無表情に見えたり、不機嫌そうに見えたりしてしまいます。そんな人に、積極的に話しかけたいと思うでしょうか。

また、表情が乏しいと、誤ったメッセージを伝えてしまうこともあります。表情しだいで、自分が思っていないようなメッセージが誤って伝わったり、口にした言葉の効果を半減させたりもします。

職位の高い人や専門性の高い人にとって、ふだんの表情は、周囲に「存在感」を示すうえできわめて重要です。

たとえば、「部下から上がってきた案はなかなかいいから、進めてもらいたい」と思ったとします。

このとき、無表情で部下に指示すれば、自分の意図とは逆に無関心だと伝わるかもしれません。「進めろとは言われたが、関心は低そうだ。あまり力を入れることはないかもしれない」と部下が忖度《そんたく》することさえあります。

一方、口角がきゅっと上がった魅力的な笑顔で指示すれば、部下にとっては喜ぶべきフィードバックであり、モチベーションも上がりそうです。

つまり、**適切な表情ができることは管理職が持つべき一つの能力**なのです。

■「口角」が上がれば「プレゼンス」も上がる

では、どのようにして適切な表情をつくればよいのでしょうか？

ポイントは、**表情に意識を向けること**と、**表情筋を鍛えること**です。

これまであまり表情を意識してこなかったと思う方は、今からできるだけ表情を意識してください。とくに、なにかを伝えるとき表情がそれにふさわしいかを意識すること、素敵な笑顔が出せること、そしてふだんからの表情を引き締めることです。

しばらくは一人のとき**鏡に向かって、自分が意図したような表情を出せるように練習する**ことをおすすめします。

まず、意識したいのは「口角」です。周りにいる「いつも不機嫌な人」の顔を思い浮かべてみてください。その人の口角は下がっていませんか？

口角が下がっていると、どうしても不機嫌そうに見えてしまうものなのです。逆に、口角が上がれば、「プレゼンス」も上がります。

最初のうちは、口角を上げようとすると、思うように上げられなかったり、不自然な硬い表情になったりしてしまうかもしれません。

でも、**表情を動かしているのは、「表情筋」です。筋肉ですから、トレーニングすれば意図通りに動かせる**ようになります。

この表情筋を鍛える習慣も意図的に取り組んでください。

とくに強く意識したい表情筋は、目の周りの「眼輪筋《がんりんきん》」、口の周りの「口輪筋《こうりんきん》」、ほほのあたりの「大頬骨筋《だいきょうこつきん》」です。

最近は、ユーチューブなどで検索すれば、親切に表情筋のトレーニングを紹介してくれる動画がたくさん見つかるので、利用してみてください。

ただし、あれもこれもと浮気するよりは、よさそうなものを一、二個見つけて、それを毎日続けて行うことをおすすめします。そんな簡単エクササイズを習慣にすると、二〜三週間で効果が出てきます。

入院などでしばらく歩かない生活をした人はわかると思いますが、ちょっと歩かないだけで足の筋肉はたるみ、痩せ細ります。顔の筋肉も同じこと。これからはすこし意識して使う、鍛えることが重要なのです。

■品格は「表情の豊かさ」からにじみ出るもの

元来、表情の豊かさは人としての豊かさにも通じます。

人の品格を左右するのも表情のハリや豊かさです。**品格を高めたいなら、「表情を豊かにすること」は避けて通れません。**

あなたの変わらぬ美しさのためにも、表情筋には肌の手入れと同じように気をつかいたいものです。肌を支えているのは筋肉ですから、美しく見せるのも筋肉のハリが欠かせません。女性の場合、手入れをしっかりされている方が多いので、表情筋が衰えているとなおさら「もったいない」と思います。

たとえ肌表面のハリが衰えても、豊かで魅力的なメリハリのある表情ができる人は、どこか品格や凛とした美しさが感じられるものです。

POINT

× 肌に「ハリ」があるが、無表情で不機嫌に見える

◯ 肌に「ハリ」があり、表情にも「メリハリ」がある

RULE 7 エグゼクティブの武器としての笑顔

表情のなかでも、とくに大切なのは「笑顔」です。「女性だから、愛想よく」と言っているのではありません。適切なタイミングで見せる笑顔には、人の心を和ませ、励まし、認められた喜びを与える力があるからです。上に立つ人間には、そういったチャーミングさがあり、それが品格にもなります。このことに性別は関係ありません。

■「スキル」よりも「笑顔」を磨く

会社員のときに採用面接にも何度か関わりましたが、面接会場のドアを開けてから数秒で感じのいい笑顔が飛び出す候補者と、笑顔がなかなか出ない候補者では、採用側の心証はまったく違いました。

たとえ、その人の経歴や資格などがほかの候補者に一歩およばなかったとしても、

「あの人、笑顔は抜群によかったですよね」と面接担当者の誰かが言い出して、その後、面接の二次、三次へと選考が進み、採用となったことは何度もあります。

つまり、**笑顔が強力な武器となる場面がある**のです。

ホテルのスタッフやCAなど接客業では、「感じのいい笑顔ができる」ことは重要な資質の一つです。コミュニケーションをとるときに、瞬時に魅力的な笑顔が返ってくる人間は、仕事も人間関係もポテンシャルが高い傾向にあります。

経営者や採用責任者などから、「人間としての土壌は笑顔に出るから」という言葉は何度も聞きました。なかには、「一次面接は三秒で合否が決まる」と言う人もいるくらいです。

とっさに出る笑顔には、反応性の高さや対人コミュニケーション力、社交性、そして人間性の確かさなどが表れるものです。そういった土台があれば、あとは必要なことを教えればいいのですが、その逆のパターンは手がかかって難しいと考えられているのです。

こうしたことは、接客業にかぎったことではありません。

たとえば、なにか問題があって、弁護士のところへ相談に行くとします。弁護士に相談するのは、たいてい「なにか問題があったとき」ですから、不安を抱えているでしょう。法律に疎い人や弁護士と接する機会がない人は、弁護士に会いに行くときには緊張するのではないでしょうか？

このときに弁護士が笑顔でにこやかに迎え入れ、あいさつしてくれたらどうでしょうか？　私だったら、「いろいろ相談しやすそうな先生でよかった」と、よい第一印象を抱くでしょう。

このように、**笑顔には、相手の緊張をほぐし、安心感と信頼感を与え、場の空気を和やかにする力があるのです。結果的に、笑顔の主の品格を高める**ことになります。

この笑顔の力を上に立つ人が活用しない手はありません。

■笑顔の力はあらゆる場面で活用できる

この笑顔の力はあらゆる場面で活用できます。

たとえば、あなたと名刺交換することに緊張する人もいるかもしれません。そのときに、笑顔で名刺交換して談笑すれば、相手の緊張を和らげることもできます。そうした笑顔は、余裕と品格を感じさせるものです。

さらに笑顔によって、距離感をコントロールすることもできます。ニコニコと愛想よく笑えば親しみを表現できますし、口を引き締め気味に口角を上げてニコッと笑うと、すこし距離感を持たせることもできます。

あるいは、部下を叱るときでも、伝えるべきことを伝えたあとで、「よろしく。困ったことがあればすぐ知らせて」と笑顔を向けたら、部下は「気を引き締め直してやってみよう」と思うでしょう。笑顔によって、伝えることにメリハリをつけられるのです。

なかには、笑顔を見せることが苦手という人がいるかもしれません。でも、そんな人ほど大きなチャンスがあります。笑顔の少ない人の笑顔は、相手によい意味でギャップのある印象を与えることになるからです。表情に意識を向けて、鏡を見ながら笑顔をつくる練習もしてみましょう。

笑顔も表情筋のトレーニングですから、誰でも素敵な笑顔は身につけられます。

あなたがすでに魅力的な上司なら、あなたの笑顔は求心力をさらに高めるでしょう。**笑顔は魅力的な上司への最短ルートを用意してくれる**のです。

自然なニコッとした笑顔、キリッとした微笑みの顔、どちらも、上に立つ人には身につけていただきたい笑顔です。

お手本にしていただきたいのは、「理想の女性上司」ランキングの常連の方たちの笑顔です。二位にいるのは天海祐希さんを始め、両方の笑顔を持ち合わせている人ばかりです。

ぜひ、自分の品格、余裕、豊かさや威厳を感じさせる笑顔を武器にしてください。

POINT

× 笑顔が少なく、不機嫌そうに見え、話しかけづらい

○ 笑顔に魅力があり、品格、豊かさ、威厳を感じさせる

RULE 8

商談では手を意識する

手に気をつかうのは、意外と難しいものです。姿勢や表情に気をつけても、ふと気が抜けるところではないでしょうか。しかし、手は印象を左右します。顔に気をつけるのと同じように、手も手入れに気をつかったほうが日常の美しさだけでなく商談でもプラスになります。もちろん、せっかくですから、手のポジションや「表情」もうまく使いたいですね。

■手が持つ品格をうまく活かす

「手」で思い出すのが、昔、時々お目にかかっていた高名な企業の会長夫人です。その方は世が世なら華族というご出自でしたが、ごく庶民的な雰囲気の小柄でかわいらしい婦人でした。

なぜ印象に残っているかというと、手の仕草が美しかったからです。

手入れのよさをしのばせるどこかしっとりとした品のある手で、座っているときはその手をきれいに組み、指をすっと伸ばしたまま、さりげなくテーブルに乗せていました。手に刻まれたシワから、すばらしい年の重ね方をしてこられたことがうかがえます。

そうした手の仕草が、その方を非常に凛として美しい存在に見せていたのです。私が見習いたいと切に思った、女性らしい品格の表し方でした。

この女性のように、**指がすっと伸びていると、凛とした雰囲気や威厳を感じさせ、ほとんどの場合プラスに働きます**（男性がすると優雅すぎる雰囲気になります）。

手は周囲に与える印象を左右するものですから、女性には指をすっと伸ばして品格を漂わせることをおすすめします。

■ 商談時、「手」はどこにある？

よいプレゼンやスピーチを見ると、話し方や顔の表情だけではなく、手の位置や動かし方も表現力に一役も二役も買っていることがわかるでしょう。話し方に自信が持てないという方には、表情や声のトーンを意識してほしいのですが、手にも意識を向けてほしいのです。**手をうまく活用できれば、相手との心理的な距離感をコントロールし、有能さをアピールし、「プレゼンス」を示すことができます。**

たとえば、会議や商談のテーブルで、相手と対面で座っているとしましょう。

このとき、手をテーブルより下げてひざの上に置いている人は「手をしまいこんでいる」状態です。テーブルの上に手を出し、右手に左手を重ねてみてください。鏡の前で見比べたり、写真に撮るなどして自分で見比べたりすると、印象の違いがわかるでしょう。

手を出して重ねているほうが、仕事ができるように見え、余裕を感じさせるなど、はるかに印象がよく見えるはずです。これには理由があります。

■「オープンポジション」と「クローズドポジション」

心理学では、「オープンポジション」「クローズドポジション」と呼ばれる非言語表現があります。

「**オープンポジション**」とは、相手に心を開いていることや、相手に働きかけていることを表す動作や姿勢です。一方の「**クローズドポジション**」とは、その逆で、相手に心を開いていない、相手からなにかを隠そうとしていることを表します。「表す」と言っても、本人がことさら表現するのではなく、見る相手にそのような印象を意識下に与えるということです。

手をデスクの下に隠した状態は、「クローズドポジション」と言えます。

自分を消極的な姿勢に見せる、自分の存在を見えにくくするなど、マイナスの印象を相手に与える可能性があります。姿勢も悪くなりますので、無意識でそうしがちな人は注意が必要です。

「**手はしまいこむより見せるほうが効果的**」と覚えておいてください。

手をデスクの上に出して見せることで、堂々として自信がある雰囲気を出しましょう。指を組むよりは、重ねるくらいがおすすめです。さらに、女性は指をすっと伸ばしましょう。

こうすればオープンポジションになりますから、「私はフェアにお話ししています」「私には自信があります」「私はあなたに心を開いています」といった言葉を直接ではなく、相手に意識下に届けられます。

■腕組みは相手に「壁」を感じさせてしまう

腕組みも、クローズドポジションの一つです。無意識に腕組みしてしまう方は注意してください。

相手に対して、心理的な「壁」を感じさせてしまったり、横柄に見えたりして損です。自信のなさを表すポーズでもあります。逆に、「これは難しい」「やすやすとは応じない」ということを暗に伝えたいなら、あえてこのポーズを使うのもよいでしょう。

手に意識を向けることに慣れてきたら、さらに積極的に使ってください。

手のひらをやや斜め上に向けて書類を指し示したり、相手方に発言を促したりすると、言葉以外の意識下でも対話が生まれやすくなります。相手に心を開いていることを伝えたいときは、手のひらを相手に向ける動作を意識すると伝わりやすくなります。

手は、他人から意外に目につきやすいところですから、ケアもきちんとしましょう。商談の場面などでは、書類などを持つ手、なにかを指し示す指は、印象を左右します。男女ともに、手肌の保湿、爪のケアなど手入れに気をつかいましょう。ネイルケアをするようになっただけで、営業成績が急に伸びた例もあるくらいです。

さらに言えば、ビジネスシーンでのデコラティブなネイルはひかえたほうが、プロフェッショナルな雰囲気や威厳を保ちやすくなります。ネイルの色は、肌になじむベージュやベージュピンクで、長さ、アート、ストーンはひかえめであることをおすすめします。

爪や手指のケアを日ごろから心得ていると、見せ方にも積極的になれます。これからに、あなたの手をより効果的に使ってください。

POINT

× テーブルの下に手を置く、つい腕組みするクセがある

◯ テーブルの上に手をそろえて、指先まで伸ばす

RULE 9

座り方が品を左右する

「頼りなく見られる」「今一つ（上司などからの）評価が低い」

こうしたことに悩んでいる方には、表情や姿勢、服装などとともに、座り姿にも改善の余地があることが少なくありません。座り方やその足元がイメージを左右するのは男性も女性もまったく同じです。足元の緩みは、だらしない、品がない、といった印象になり、信頼感や品格を損ねてしまいます。

■座り方が違うだけで印象に格段の差

私が就職した一流ホテルは、観察眼を磨くには最高の環境でした。とくに、洗練された仕草を見せる外国人エグゼクティブは、私にとって格好の観察対象でした。

ホテルのロビーやラウンジに座っている姿を見ては、なぜあんなに洗練された座り方をできるのかと好奇心が湧いたものです。

日本人と欧米人では、座ったときの美しさやカッコよさの差は歴然でした。その差の理由として、全身でエグゼクティブ然とした「有能さ」や「格」を見せてくる外国人エグゼクティブと、「見られる」「見せる」ことに慣れていない日本の社会人との「意識の差」があります。

欧米には「外見」と「中身」をことさらに分ける考え方はなく、「見た目は中身を表す」感覚が一般的です。どこにいても、その感覚で振る舞っているので、軽く座っていてもサマになる座り方が自然にできているのです。

どのような座り方かというと、まず背筋が伸びていて、ソファの背もたれに頼らない座り方です。それがどことなく統制が効いていて「できる」印象をつくります。

一方の日本人には、この逆をしている人、つまり背中を丸めソファに埋もれ、足をだらしなく広げた人が多かったのです。これでは、だらしない印象、横柄な印象を与えてしまいます。

たったそれだけの違いですが、印象に格段の差がつきます。その差はビジネスの場では、周囲が持つ期待感や信頼感にどんな差を生むでしょうか。顧客、部下、上司が感じる差はどうでしょうか。少なくとも新人の私でさえ、その印象の差の大きさを感じたのです。

■座り方しだいで、品や貫禄のある女性に

あなたがもし今座っているなら、試しに自分の足を見てみてください。このような座り方をしていたら、あなたの「プレゼンス」を損ねています。

- **ひざが開いている**
- **椅子の脚のほうに自分の足をしまいこんでいる**
- **足の先が内側に向いて、かかとが離れている**
- **背中が丸まっていたり、身体を思いきり椅子の背もたれにあずけて「どっかり」座っている**

こうした座り方をしていると、「だらしない」「品がない」「気弱」という印象を周囲に与えてしまいます。

このような要素は、たとえば「エグゼクティブ」と「おばさん」のイメージもくっきり分けます。「ああはなりたくないなあ」と後輩や部下に感じさせてしまうような野暮ったさ、頼りなさを醸し出してしまうかもしれません。

繰り返しになりますが、上に行くほど、人から見られるようになります。座るときにも、油断しないで「凛とした存在感」を出してほしいのです。

それには、先ほど紹介したものと逆のポイントに気をつけてください。

・ひざを常にきちんとそろえる
・かかとを合わせ足先はすこし外側に向くように意識する
・足先をすこしだけ前に出して、片方の足をすこし引き、両脚をすこし斜めに倒す
・背筋を伸ばし、椅子には浅めに腰掛けるクセをつける

これが品のある、洗練された座り姿をつくるコツです。こうすると脚もきれいに見えます。

実際にやると、「しんどい」と感じるかもしれません。慣れないうちはそう思うのも当然だと思いますし、最初から「ラクにできます」とは言いません。しかし、思ったよりは早く慣れるはずです。それに慣れると、変な座り方をするより、すっと伸ばしているだけ脚はラクになります。

■見えないところでも「美しい座り方」をキープする

脚がテーブルに隠れていても、油断は禁物です。

下半身の座り方がよくないのに、見えている上半身はきれい、ということはまずありません。たとえば、椅子の脚のほうに自分の足をしまいこんでいたら、背中が丸まった状態になってしまいます。下半身の姿勢と上半身の姿勢は連動しているものです。

さらに、なにかの拍子で足元がチラリと見えたときに、幻滅されては損です。慣れれば、隠れている、隠れていないに関係なく自然にできるようになるはずです。

ぜひ、世界的な女性エグゼクティブのインタビュー記事の写真にも着目してください。みんながそのように座って、インタビューを受けていて、足元をスマートに見せているはずです。

日本人では、小池百合子東京都知事もエグゼクティブ然とした座り方をされる方ですが、海外体験の賜物かもしれません。こういうところは真似したいものです。

「有能さ」「信頼感」を感じさせるのは、どこか一か所ではなくその人の全身です。そして、それはふとした瞬間に感じさせるものなのです。座り姿にも油断しないで、品と余裕、そして誠実さを表現してください。

POINT

✕　油断した座り方で、だらしなく見えてしまう

○　足元がスマートで、「有能さ」「信頼感」を感じさせる

靴底の減り具合で歩き方をチェックする

自分の歩き方がどのようなものかを意識したことはありますか？「靴底」を見れば、あなたの歩き方のクセがわかります。

靴底のすり減り方が、内側に偏っている、外側に偏っている、かかと（あるいは中央）だけに偏っている、左右の靴でバラバラ、という場合は、歩き方に変なクセがある可能性が高いと言えます（正しい歩き方をする人は、つま先とかかとが減っています）。

歩き方に変なクセがあると、印象も損なわれてしまいます。

とくに、ヒールのとき、ひざを曲げたまま内股に足を引きずるようにして歩いている姿が目につきます。よけいなおせっかいですが、「せっかく素敵な格好をしているのに」と、残念な気持ちになります。また、内股で弱々しい歩き方の人を見ると、優秀な人なのだろうにもったいないと思ってしまいます。

ほかにも、ガニ股歩きの人や、バタバタと足を引きずるような歩き方をする人や、ぴょんぴょんと小走りするような歩き方をする人も見かけます。

そのような歩き方では、骨盤や体型にも悪影響がありますし、「エグゼクティブ・プレゼンス」も感じさせられません。

海外では、エグゼクティブがウォーキングレッスンを受けるのは、めずらしいことではありません。歩き方もぜひ意識してほしいと思います。いちど専門家のレッスンを受けてみることをおすすめします。きっと、あなたに合ったアドバイスを受けられますよ。

CHAPTER 2

品格を演出する「服」を着る

RULE 10

女性の「ビジネスアタイア」はこう考える

女性の活躍が当たり前のようになった昨今、ビジネスシーンで自分の見え方を強く意識する女性が増えました。それこそ、「エグゼクティブ・プレゼンス」を手に入れたいと願う女性が本当に増えたのです。これは、長い間「エグゼクティブ・プレゼンス」をお伝えしてきた私のここ数年の実感です。

■信頼され、認められるスタイル

彼女たちの願いは、男性から見ても女性から見ても、**「信頼できるビジネスパーソン」として、認められるスタイルを身につけたい**、ということです。認められると言っても、ただ「間違っていない」というだけではなく、「できそう」「ついていきたい」「彼女なら」と周囲を魅了するビジネスパーソンになれるスタイルが選べるようになりたい、ということです。

ビジネスでは、ずっと「サブ」的な存在だった女性が、主役としての存在感を示すことが増えたせいでしょう。顧客、部下、上司、そのほかのステイクホルダーへの説得力を持ったイメージの選択が必要になってきているのです。

そんな女性が、ビジネスアタイア（仕事服）を考えるときには、ふつうに女性らしさを表に出すだけではダメです。

かといって男性の真似だけでもダメです。変に男性の衣服のルールを取り入れると、武骨さが目立つそっけない装いになってしまいます。それゆえ、真面目なキャリア女性ほどおもしろみのない格好になってしまう傾向があります。

男性と女性とでは「見せ方」が違います。女性には女性の見せ方があります。**戦略的に、しなやかに、したたかに、「見え方」を計算していただきたい**と思います。

■男性のスタイルに倣うところ

ルーツをたどれば、女性の衣服は宮廷での儀礼や優雅な遊びのなかで発達してきました。また、女性という存在が男性の庇護《ひご》下にある前提であった時代が長かったのです。そして、長い間、ビジネスの主役は男性でした。

男性にとっては、ビジネススーツがなによりも「ビジネスにおける誠実さ、真剣さ、能力」を演出してきました。ですから、女性が社会に進出し、仕事服を考えるようになったときに、そんな男性のスタイルをある程度模倣する必要がありました。

実際、女性のドレッシーなドレスや華美なスーツは、先に「仕事」とは違うシーンのためにつくられているため、仕事の空気にはなじみにくいところがあります。

堅いビジネスシーンでは、男性のスーツスタイルに倣《なら》い、おさえた色合い、シンプルなシルエット、シックで簡素なディテールを中心とした装いにすべきです。男性スーツに似たテーラードスーツは基本の一着です。

■シーンに合わせて、スタイルを柔軟に変える

女性らしさを全部避けるべきかというと、そうではありません。**女性らしいたおやかさや華麗さが「格」を演出することもまた多い**からです。決め手は、男性的ニュアンス、女性的ニュアンスをうまくバランスをとって用いることです。

シャネルスーツに代表される、さまざまな衿ぐりのスーツ、ジャケットとワンピースのセットアップ、そしてジャケットなしのワンピーススタイルなどなど、テーラードスーツが基本となる男性と比べて女性の衣服のバリエーションは豊富です。すこし華やかさが必要な場面や、見せたいイメージによって使い分けることを考えましょう。

たとえば、男性はスーツスタイルがふさわしいシーンで、女性にはすこしエレガントな雰囲気を求められる場合があります。ちょっとフォーマル寄りで、華やかさが必要な場面などです。こんなときに、女性がテーラードスーツにシャツ、と男性と変わらない格好をしていると、すこし武骨な感じがし、優雅さが感じられません。そうすると、「格」「余裕」「有能感」という要素がその女性に感じられにくくなります。

そのようなシーンでは、女性の華奢な首や鎖骨を際立たせる衿ぐりのスーツで、すこし女性らしさをプラスしたほうが、かえって「格」「余裕」「有能感」は表れやすくなります。さらに、華やかさがほしいときは、インフォーマルドレス（フォーマルウエアのような本格的なドレスではなく、洗練されたワンピースなどを指す）という選択も考慮に入れる必要があります。

女性の衣服の種類は多く、そのためにドレスコードも複雑です。アイテムやスタイルがもたらすイメージを理解して、使い分ける必要があります。

本格的なフォーマルシーンは別として、**ビジネスでは「真面目な堅いシーン」「華やかさがあるシーン」「日常的なシーン」と、簡単に三つくらいにシーンを分け、ご自身の立場や役割を考えて、それぞれどんなスタイルがふさわしいかを考えて用意しておきましょう。**

■カジュアルは「サブ」的な役割を強調する

かつて、女性に定番的に与えられる仕事は男性の補助的なものがほとんどでした。そんな役割においてはカジュアルな感覚の服は問題ありませんでした。たとえばカーディガンとフレアスカート、セーターとパンツ、などのスタイルです。

女性は男性のサブといった時代が長かったせいか、現在でも多くの女性の感覚はカジュアルに傾きがちです。女性誌もそういった感覚で「女性の仕事服」を提案しているため、カジュアル感のある服しか選べないままの人が多いようです。

カジュアルな格好は「親しみ」「軽さ」をより強く演出します。それが狙いなら構わないと思いますが、無頓着にカジュアル感覚でいると、見え方で損をすることも少なくありません。

管理者やリーダーとして振る舞いたいならスタイルを間違えないことが大切です。「どう見せたいか」を意識し、色・柄の格、アイテムがどんな印象をもたらすかをよく吟味する姿勢が必要なのです。

POINT

× 無頓着にカジュアル感覚で、サブに見える
○ シーンによって適切なニュアンスを選ぶ

RULE 11

女性誌を鵜呑みにしない

「できる○○ウーマンの着こなし」「お仕事にもＯＫ！　万能アイテム○○」……女性ファッション誌にはいろいろな情報があふれています。私はそんな女性誌を見るのが好きです。新商品やトレンドの情報が豊富で写真も美しいですから、楽しいですよね。しかし、すこし注意もしてください。あなたが「エグゼクティブ・プレゼンス」を身にまといたいなら、鵜呑みにしてはいけない情報も多いからです。

■おしゃれだけど、仕事のイメージが湧かない服

私のクライアントは管理職、士業、経営者、コンサルタントがほとんどで、だいたい年齢は35歳以上です。その方たちの多くはふだん忙しく、服装を選ぶときにはさっとファッション雑誌をチェックして、だいたいなにを購入するか決めるようです。

そんな方たちを対象にしたコンサルティングやセミナーで、服装の注意点や間違いなどについて語ると「これはダメですか？　雑誌に『ＯＫ』と書いてあったので、いいと思ったのですが」ととまどう人は意外と多く、みなさん雑誌に書いてあることを正解として信じてしまうものなのだなと感じます。

女性には男性のビジネススーツのように「スタンダード」となるスタイルがありません。女性のビジネスシーンでの服装を考えるときに「なにを基準とすべきかがわかりにくい」ということが常に問題となるのです。

そのせいか、**ビジネスシーンやご自身の役割やポジションに合わない服装を身につけている女性が多い**ようです。「基準を求めることが難しい」とわかっているので、ことさら「正解」を雑誌などに求めがちなのかもしれません。

私もお会いした方を見て「似合う服を着ている」「おしゃれな人だな」と感心はするのですが、仕事のイメージは湧きにくいと感じることがよくあります。おしゃれなこと自体には好感を持ちます。「流行の濃い色のスカート、上に着ているのはこれも今年流行のデザイン、小物の色合わせも上手でいいな。自分に合う色をよくご存知で、素敵」と思います。

しかし、その人がビジネスの場でビジネスの話をしたいのであれば、もったいないとも思うのです。


それは、雑誌で流行として扱われるスタイルは仕事にしてはカジュアルか、ドレッシーなスタイルが主だからです。それらはまだ責任の小さい人にとっては仕事時のスタイルの一つとして選択していいものかもしれません。

しかし、ビジネスにおける責任や能力、キャリアを効果的に表現するスタイルではありません。「似合っていても、間違っている」のです。


服装は、自分を表現するラベルのようなものです。そのラベルしだいで中身に対する期待度や信頼度は違います。**高い専門性と知性、積み重ねたキャリア、秀でた能力が相手にうまく伝えられないスタイルではもったいない**と思うのです。

服装は、会う相手や着ていく場面に対する姿勢を相手に伝えるものでもあります。ご自身の属性や場面に合わないカジュアルさやドレッシーさでは、仕事に対する姿勢も疑われかねません。

「今日は甘めワンピースで打ち合わせ」「明日は流行の丈のパンツでやる気を演出」などと雑誌に書いてあれば「こういうアイテムも仕事に『アリ』」と思ってしまいます。そこに写っているモデルのスタイルはたしかに素敵なのです。

しかし、**ファッション雑誌の「素敵」は、人が人に「信頼感」「有能さ」という印象や、「頼もしさ」を感じるものとは違うことが多い**のです。

■「きれい・かわいい」では損をする!?

雑誌が目指す女性像は「きれいでファッショナブル」「モード感」「ラグジュアリー感」「かわいさ」などの甘めのイメージがどうしても中心になり、「信頼感」「責任感」「有能さ」「頼りがい」という固めなイメージは最終的に目指すところではないと言えます。その世界観はどこか「きれい・かわいい」で完結しています。

また、雑誌の使命は、今から市場に出てくる衣服や小物を積極的に提案、宣伝することです。トレンドのアイテムは常に正しく、取り入れるべきものとして取り扱われます。つまり常に「売りたいトレンドありき」なのです。

くわえて、コーディネートやアイテムを提案する人たちのほとんどは、「どうすればファッショナブルに見えるか」を熟知していますが、あなたが示すべき「エグゼクティブ・プレゼンス」については知らないでしょう。そこから出てくる情報は、**ファッショナブルであることが武器になるような職種でないかぎりは、ビジネスの場面では正解になりにくい**ものでもあります。

しかし、女性誌自体を否定するものではありません。これは「エグゼクティブ・プレゼンス」にとってどうか、というだけの話です。「**ファッショナブル**」**であることと「エグゼクティブ・プレゼンス」が感じられることとは違うことを理解したうえで、トレンドを感じるための参考として見るなら、女性誌はすばらしい情報源**です。

服の情報なら、今流行のシルエットやサイズ感を感覚的につかんでおくことは大事です。とくにスーツ関係です。肩の角度やスカートの丈感はだんだん変わってきます。オーソドックスなスーツを着るにしても、流行しているシルエットやサイズ感を無視していると、どこか冴えない野暮ったい印象になるのは避けられません。それはそれで印象としてマイナスなのです。

ブランド名もよく見ておくといいですね。好みのアイテムが多く見つかるブランド名や価格帯をつかんでおくと、ショッピングに役立ちます。また、モデルの美しいたたずまい、はつらつとした表情を見て見習ったり、ラグジュアリーブランドなどをよく見て目を養ったりするのもおすすめです。新商品や話題のアイテムの情報も大切で、見かけた記事が人との雑談や仕事のヒントになることも多いはずです。

このように、「見え方・見られ方」をしっかり考えたうえで、情報を取捨選択する力が一番です。そのために、「自分の専門性やキャリアや能力を示すラベルはどのような雰囲気のものか？」を考え、「会う相手や着ていく場所や場面に対して、どのような印象を残したいか？」を想像して、服装を選択するようにしてください。そのうえで参考にするなら女性誌はたいへん役に立つものです。

POINT

✕　女性誌の情報を鵜呑みにして、服装を選ぶ

○　おしゃれとプレゼンスの違いを意識して情報を集める

RULE 12

「パンツスーツ」をはいてはいけない？

はつらつと活動的に見えるパンツスーツ。スカートスーツに飽きて、もう一着と思う人はパンツスーツを選んだりしますね。男性と違い、女性はスカートとパンツの両方を選べるのはうれしいところです。それを楽しんでいる人は多いですし、スカートスーツに比べて動きやすいと思います。

しかし、私は「一定以上の役職の方にはパンツスーツはおすすめしない」と説明します。それにはもちろん理由があるのです。

■部下と上司が逆に見える原因は「パンツスーツ」？

パンツスーツを選ぶ女性はもちろん多いです。

スカートスーツのほかにパンツスーツをくわえて着回しのバリエーションを増やす

人や、一着のジャケットのボトムに共布のスカートとパンツの両方をそろえて毎日着こなし工夫している人もいます。

また、サバサバしたキャラクターやアクティブなイメージを演出したいとパンツスーツをトレードマークのようにしている人もいます。そして、単純に「パンツが動きやすいから好き」という人もいれば、「脚を出したくないから」と体型を気にして身につけている人もいるでしょう。

好みや理由は人それぞれです。しかし「**エグゼクティブ・プレゼンス**」**という点では、もうすこし慎重にスカートかパンツかを選択してほしい**と考えます。というのも、その選択が「威厳」や「品格」というイメージを左右しやすいからです。

以前、ある企業の女性マネジャーと話をしていました。そこに「いちどごあいさつを」と一人の女性が入ってきました。最初は見た目の雰囲気から、同じマネジャークラスの方かと思ったのですが、いただいた名刺を拝見するとまるで違ったのです。その方は「ディレクター」のポジションで、しかもマネジャーによれば「私の上司で、この部門の日本での活動を、ほぼ統括している人間」ということでした。

内心、イメージのギャップに悩みました。見た目では、まったくそう見えなかったのです。というのも、マネジャーがひざ下丈のストレートスカートスーツ。ディレクターはパンツスーツだったからです。見た目ではディレクターはアクティブで、マネジャーのほうが落ち着いた印象であり、正直言って役職は逆に思えました。

こんな話を、人にしたところ、その人も同じような体験があると言っていました。「私はそこまで役職に差があった例ではありませんが、上司と部下という二人の女性を前にして、やはりスカートスーツのほうが落ち着いて見えると思ったことがあります。話をしていても、上司がどちらか知っているのに、意思決定を促す場面では、つい落ち着いた雰囲気のほうに視線が行くのです」

以前、クライアントに「自分ではなく、部下のほうが上司に思われる」と悩んでいた方がいました。その方もパンツスーツを好んで身につけていましたが、印象コントロールのためにスカートスーツを多用するようにすすめたところ、「たしかに『見られ方』が変化しました」と、成果を報告してくださいました。

■なぜスカートのほうが「格」が出やすいのか？

「威厳」や**「品格」**は、**伝統的なスタイルに出やすい**ものです。昔からの女性特有のフォルムとしては、スカートのほうが伝統的なスタイルです。

つまり、**女性がエグゼクティブ然、あるいは上級管理職然とした雰囲気を出したいなら、じつはパンツよりはスカートを選択したほうがよい**のです。

もともと、パンツは男性の服装です。その男性に並んだ、パンツスタイルの女性は、男性よりも一回り小柄に、華奢に見せます。それは女性の見え方としてよい点もありますが、「存在感」としてはむしろ弱くなる可能性が高いのです。

また、パンツスーツは活動的で動きやすいイメージのものです。活動的で有能な感はいいのですが、それは「私は動く」というメッセージを周囲に伝えるスタイルでもあります。

この「動く」というメッセージを感じさせるパンツスタイルは、現場で動くポジションや外回りが多い仕事の人にとっては、まことに理にかなっています。

しかし逆に、人を「動かす」管理職以上の人にはどうでしょうか。

■「印象」の差は「衣装」の差にある

もちろん、パンツスーツが悪いわけではないのです。しかし、同じスーツでもスカートとパンツでは印象が違い、周囲に与えるメッセージにも違いが生じるということです。活動的、自分が動く、というメッセージが職務にプラスになる人にとっては、パンツスーツはとてもよい選択肢です。しかし、人や状況をマネージし、采配能力をアピールするならパンツスーツの選択には慎重さが必要です。

申し上げたいのは、**スタイルを安易に選ぶのではなく、「どんなイメージが上に立つ自分にふさわしいか」という視点が大切**だということです。

服装の選択については「セルフブランディング」の観点を忘れないでください。服装やメイクなど、外に見える部分によって「自分が発すべきメッセージ」を考慮して選択できることが「上に立つ人」の資質なのです。

とあるアメリカのドラマにこんなシーンがありました。現在はあるオフィスを取り仕切っている女性代表がいます。余裕と「できる感」がたっぷり感じられるその人の衣装は、常にハイブランドと思しきスカートスーツ、エグゼクティブ感のある端正で上質そうなワンピースです。見るだけで「トップ」の印象になる演出です。
そのオフィスの過去の出来事を回想するシーンでのことでした。過去シーンでその女性が着ていたのは、グレーでピンストライプのパンツスーツで、アクティブなイメージを醸し出していました。
その衣装の差だけで、人を動かす今の立場に比べ、過去では自身が苦労して動き回らなければならない立場であり、現在は「格」「役回り」も上なのだ、ということがすぐにわかる演出です。

アメリカにかぎらず、海外のドラマや映画では、こういった身につけるもので、その人となりを表現する「演出」が抜群にうまいと感じます。現在では、日本でも外見やプレゼンスの意識がだんだん高まっているため、「着ているもの」が伝える情報には配慮が必要になります。**自身のイメージをコントロールしたいなら、アイテム一つにも注意を払う必要がある**のです。

POINT

✕ 見え方を考えずに、パンツスーツを選んでしまう
◯ 見え方を意識して、スカート（パンツ）をはく

RULE 13

「サイズ感」が印象を決める

ファッション関係者に「とにかく、服ではこれが一番大事、ということを一つだけ選ぶとしたら？」と聞くと、たいていの人が「サイズ感」と答えます。

このサイズ感は、「その人が衣服によってどのように自分のシルエットを見せようとしているか、どれくらいのゆとり感、あるいはぴったり感を『よし』と考えているか」が表れます。もちろん、「エグゼクティブ・プレゼンス」にとってもサイズ感は重要です。ところが、**非常に多くの人がこの「サイズ感」で損しています。**

■印象を左右するのがじつは「サイズ感」

外資系企業に勤める女性Yさんが私のところに相談に見えました。上層部から「エグゼクティブ・プレゼンス」を磨くように言われたのがきっかけでした。

Yさんが着ていたスーツの背中、ワキ、腹部のシワを見て、体型に比べて服サイズが小さく、無理をしていることに気づきました。ジャストサイズで着ていると、こうしたシワはほとんど入りません。

「最近太ってしまった」とおっしゃるのですが、聞いてみると体型が変わり始めたのは二年前。しかし、その間着る洋服のサイズはそのままだったのです。元に戻そうと思っていたので、「これくらい大丈夫」と見ないふりになっていたとか。

ダイエットすれば大丈夫だと思っていると、なかなか服のサイズを上げる気にはなりません。ただ、**計画的にダイエットするにしても、大事な場面で着る服については、妥協してはいけません。その妥協がその人の「格」や「できる感」を下げてしまうからです。**

そこで、Yさんには、比較的堅い場面に着るダークスーツは三着ほど合ったサイズのものを、そろえることにしていただきました。

その後、Yさんとお会いすると「服って大事ですね」としみじみ言っていました。フィットサイズのものを着ていたときには「今日は君らしさがあっていい」「今日ははつらつとしているね」などとほめられるようになり、そうでない服のときは違う、と差がつくことがはっきりわかったそうです。

仕事ができるのに、見た目、それもサイズ感のせいで印象を損ねてはもったいないことです。

ポジションが上がると、スーツをオーダーし始めるエグゼクティブは多いです。しかし、テーラーによれば、男性は「すこし体型が変わっても大丈夫なように」と、ジャストフィットではなく、大きめのサイズを選ぶ方が多いのだそうです。

日本の政治家や経済トップのスーツ姿はどこか決まっておらず、欧米諸国と比べて見劣りすると感じる人が多いですが、これには「サイズ感」が大きく影響しています。

その点、一流の方はフィットサイズを選び、そのせいか体型維持にも余念がありません。あるテーラーが「ジム通いをするエグゼクティブが多いのは、高いスーツを無駄にしたくないからですよ」とうそぶいていましたが、案外本当かもしれません。

■ビジネスでは「フィット」の感覚を持つ

ビジネスシーンでは、スーツ以外でもサイズ感は重要です。女性のアイテムでは、ワンピース、スカート、ジャケット、ブラウスなどのインナーです。

サイズ感は「ワイド（ぶかぶか）でもタイト（ぴたぴた）でもなく、フィット」の感覚が大事です。「フィット」とは、ボディラインはきれいに出るが、つかず離れずボディを覆うくらいのサイズ感です。

ワイドはカジュアルすぎるし、仕事には余ったところが邪魔になったり、スーツに着られている印象になったりしやすいです。タイトはセクシーすぎて、これも仕事には向きません。

ただ、「フィット」の感覚は流行でも変わります。あるときは、かなり肩を大きくとり、ウエストからヒップにかけてのシルエットがかなりタイトに近いものが流行っていました。こうした大きなトレンドはある程度サイズ感にも影響します。

ただ、**見る目のある人は、流行のエッセンスは取り入れてもやみくもに流行に合わせることはせず、品のよいフィット感を保とうとします。**それを判断する目も磨きたいですね。

■サイズ感を意識して「試着」「鏡」でチェックする

さて、このサイズ感を実現するにはオーダーするしかないのか、とよく聞かれます。それに越したことはないですが、既製服でも、ボディラインに沿った形を選んでしっかり試着をして、自分のサイズに合うようにお直しすれば、その人を引き立てる服を手に入れるのはそう難しくありません。

必要なのは、サイズ感に意識的であることです。オーダーの際でも、試着の際でも、肩のラインは合っているか、よけいなシワが入っているところはないか、無理しているところはないかを神経質なくらいチェックしてください。とくに二の腕の後部に斜めに入るシワは袖が太すぎた場合に出ますし、背中上部に斜めに出るシワは身頃が大きすぎることを示します。横から、そして後ろからじっくり見てください。

女性の場合は、ジャケット単品に同じく単品のボトムス（スカートやパンツ）を組み合わせるというコーディネートも多いですね。そんな場合はジャケットとボトムスのバランスをよく見ましょう。

そのバランスの悪さで損をしている人は多くいます。よくある例は、女性のコンパクトで短い丈のジャケットにパンツを合わせたとき、ジャケットからヒップが出すぎる場合です。これは体型が悪く見え、品もよくないように見えます。

後ろ姿には細心の注意を払って、鏡でチェックしてください。自分に対する意識が一番表れてしまうのが、じつはサイズ感です。**凛とした雰囲気を持つ人に、サイズ感が合っていない人はいません。**つまり自分を客観的に見ているということと、自分をよく知っているという意識の高さが決め手なのです。

どんなに高級な服地を使って、どんなにデザインが優れていても、サイズ感が合っていなければ魅力がなく、またプロフェッショナル感や品格なども出にくいものです。自分の本来の魅力を表現し、存在感を際立たせるなら「サイズ」にこそ気をつかいましょう。そして、体型維持もがんばりたいですね。

POINT

× サイズ感に無頓着で、品格を損なう
○ サイズ感に意識的で、品格を際立たせる

RULE 14

「衿（えり）」一つで印象は変わる

男性には「ビジネススーツ」があることをうらやましいと感じる人は多いようです。もともと「有能さ」や「権威」を演出する衣服として時間をかけて発達してきたので、「ルール」さえきちんと守れば誰でも優秀なビジネスパーソンに見えます。ですから、その「ルール」の活かせるところは活かしていきたいものです。ここでは、女性のビジネスの装いにも活かしたい「衿のルール」を整理してみましょう。

■服のディテールには意外な影響がある

男性のビジネススーツの基本的なスタイル、テーラードスーツの衿は「カラー」と呼ばれる首回りの衿の下に「ラペル」と呼ばれる下衿が縫い合わされているのが特徴です。このラペルには、男性の胸を強調して堂々と見せる役割があります。

　また、ラペルにはいくつか種類があるのをご存知でしょうか。

　たとえば「ピークドラベル」は、ピンと上に尖った衿で「剣衿」とも呼ばれます。男性のフォーマルウェアでよくご覧になるでしょう。

　これに対して「ノッチドラペル」はそう尖ってもいなくて柔らかい角度の下衿です。上衿（カラー）と下衿（ラペル）を縫い合わせた部分は「ゴージ」といいます。

　男性対象のコンサルティングでは、「頼りなく見られる」という悩みを持つ人の場合、性格や態度のほかに、このラペルやゴージといった部分にも着目します。そこに解決策が潜んでいる場合もままあるからです。

　そしてクライアントが、スーツを新調する際には、「テーラーの方と相談して、ゴージはラインをやや上に上げて、ラペルはもうすこし角度をつけてください」とお伝えすることもあります。

　クライアントは当初「はあ……」ととまどう様子を見せますが、そのあとはだいたい「ああいったちょっとした部分で印象が変わるんですね。私も自分を見て、今までと違う自信が湧いてきました」と報告してくださいます。

テーラードスーツのラペルとゴージラインは、着る人の印象を大幅に変えるディテールです。

印象を強くしたいなら、ゴージラインの角度をつけて、衿やラペルの幅をとるなどの方法があります。逆なら、優しいおとなしい印象になります。

こうしたところに無頓着でいると、自分の意図とは違う印象を人に与えることにもなるかもしれません。見え方をよく考えるのがルールです。

これは、男性のスーツだけにかぎったものではありません。

■ディテールの見え方に注意した服選びを

かつて、こんな女性クライアントがいました。その方は父親が創業した会社で役員を務める女性でした。縁故にもとづいた就任であったせいか、今一つ自分に自信がなく、プレゼンスを磨きたいと相談に見えたのです。

「どうも周りから役職者ではなく、ただの『気弱な年長者』にしか見られていないような気がする」と言って悩んでいらっしゃいました。

自信を強めるための内面にまつわるセッションやワークも行いましたが、外見である服装も気になりました。**着ているものには着る人が「自分が自分をどう思っているか」の意識が表れる**のです。その方からは、最初は「ふつうでいい」という意識が見てとれました。そのころ、その女性が愛用していたのはショールカラーですこしオーバーサイズのジャケットと細身のパンツ、という組み合わせでした。

ショールカラーは、縫い合わせているラペルはなく、折り返した衿を長くとった、別名「ヘチマ衿」です。これだと、威厳や積極的な姿勢よりも、物静かさや優しさが表れ、気弱な印象を助長していました。

また、上がオーバーサイズ、下が細身パンツ、というのも、「大人の品格」とはあまり関係ない印象を醸し出してしまいます。

「どうしてそのスタイルを好まれているのですか？」とお聞きすると、「さあ、なんとなく」とのお答えでした。こだわりがないなら身につけるものから変えていただこうと、テーラードカラーのスーツに変えてもらったのです。急にパリッとしすぎるのも不自然なので、生地はソフトなもので、しかしゴージラインを高めにしてやや角度を急にし、ラペルはセミピークドで、下はやや幅広でストレートなラインのパンツでコーディネートしました。
こんなスタイルにしていただくとやはり見違えます。ご本人もご自身を見て「衿一つでも大事なんですね」と感じ入ったようでした。
衿一つで見え方が変わるのを知ったその方は、そんな意識の変化か経営に対する感覚も、態度や考え方も変わったようです。いつの間にか、「気弱な年長者」と自嘲する言葉は彼女の口から出なくなったのです。

じつは男性にもここまで説明したことを知らず、印象を台無しにしている人が数多くいます。試しにあなたが「あのスーツの男性、できる雰囲気だな、素敵だな」と思うとき、その人のゴージラインやラペルはどんなものかを見ているとおもしろいですよ。女性がビジネスで「できる感」や「格」を表すためにも、こういったディテールに注目してみてください。

POINT

✕ 衿の形で、頼りなさ、気弱な印象を与えてしまう
◯ 衿の角度まで意識して、「できる感」「格」を表現する

RULE 15
「白」は最強のカラーである

「白のアイテム」をいくつお持ちでしょうか。ピュア、清潔なイメージの「白」は、同時に「高貴さ」「高潔さ」を表してくれる色でもあります。あなたがこれから使いこなしていく価値のある色です。目立たない色、扱いやすい色、汚れが目立ちにくい色などを多用して、いつの間にか「白」を活用しなくなっていないでしょうか？

■くすまず光る工夫

「え、白ですか」。コンサルティングで女性クライアントの服装診断をするとき、「このインナーはやめて、白にしてください」と言うと、躊躇《ちゅうちょ》されることもあります。

女性エグゼクティブの年代の人には、黒や濃いグレーばかりを身につける傾向があります。黒や濃いグレーは「シックな大人っぽさ」を演出してくれるカラーで、着ているとどこか安心感があります。それに、黒や濃いグレーは上に立つ人の品や存在感を示すにはよい色です。しかし、気がつかないうちにダークな色にどっぷりと埋没してしまっている方によくお会いします。

ダークな色づかい中心の格好は、生地素材やアクセサリーやメイクの合わせ方などに工夫がなければ、くすんだ印象になります。とくに日本女性の髪の色はほぼ黒系、ダークブラウン系ですから、全身くすんだ印象になりやすいのです。それだと「シックな大人っぽさ」は出ません。

私も黒は大好きですが、年齢を重ねるにしたがって注意が必要な色だと思います。黒はもともと光を吸収する色です。若いころであれば黒は輝く肌とよいコントラストを描きますが、年齢を重ねるにしたがい、ただでさえ肌ツヤが落ちてくると、逆にわずかなツヤを奪われてしまうのです。

「白」のように、光を反射し、また清潔感のイメージも強い色は、年齢を重ねていく時にこそ、非常によい味方になるのです。

以前、まだ少なかった「イメージコンサルタント」のベテランの方が、「**白はレフ板。年齢を重ねたら白**」と強くおっしゃっていたのを思い出します。

白は色彩の「出発点」であり基本色です。コントラストをつけてほかの色を引き立てます。女性にとってとくにうれしいのは、肌を美しく見せる色だということです。くすまずにいるならレフ板も上手に使いましょう。

■白を上手に使って「キメる」

そんな白をぜひ上手に着こなしてほしいのです。

初対面のあいさつや商談では、ネイビースーツに白のインナーの組み合わせをおすすめします。ネイビーは「誠実さ」「清廉さ」「理性・理知的」のイメージを形成しやすいカラーです。白は高潔な色であり、ネイビーと合わせると、印象に品や潔さが加わります。**ネイビー×白の組み合わせはビジネスとして最上位の組み合わせ**です。

このとき、エグゼクティブ女性なら、パリッと感のあるコットンよりもややシルキーな白のインナーを身につけるとよいでしょう。

こうして意識的に白のインナーやスカーフ、ボトムに白を使うなど、「白」の分量を増やしてみてはいかがでしょう。パールやプラチナのアクセサリーも「白」として効果を発揮します。なお、同じ白でもその人によって純白が似合う、オフホワイトが似合う、など相性があります。パーソナルカラー診断で自分のカラータイプをよく知るか、試着の際によく吟味してください。

もちろん、ダークカラーや派手な色がいいシーンもあるでしょう。しかし、「白」という色が持つ凛とした表情は、あなたにいつでも品や潔さをくわえることは間違いありません。似合う白のアイテムを増やしていってコーディネートにインパクトを持たせてください。

なお、着るときの注意点は、スーツやジャケットに白を用いたり、白のワンピースをなかに着たり、というスタイルは、堅いビジネスシーンに向かないということです。たとえば商談で相手先と初対面のときや、自社の役員が居並ぶなかでのプレゼンなどにはすこし浮いた印象になりがちです。

ただし、自身の存在感を際立たせるために、白を選択肢として持っておくという方法もあります。

私が会社員のときに、女性経営者、エグゼクティブ女性は今よりさらに少なく、女性らしい華やかさで目立とうとしてか、思いきった原色のカラフルなスーツを身につけていた方が少なくありませんでした。そのなかで、常にシックに装い、時々パリッと白のスーツを身につけていた方がいました。とくに白のスーツをお召しのときには、ほかの方とは異質の美しさと「格のある雰囲気」を感じた思い出があります。

■白で「格のある雰囲気」を演出する

白は汚れやすいゆえに贅沢な色です。メンテナンスには気をつける必要があります。メンテナンスは「楽しみながらしっかりと」がコツです。最近は汚れや水分をはじきやすい生地を使ったアイテムなども見かけますので、利用するといいでしょう。

また、**白は贅沢な色であるがゆえに、堂々と着こなしていると、自信がある印象になる**のです。着慣れていないと勇気のいる色かもしれません。仕事に着るのは躊躇するところもあるでしょう。だからこそ、自分の立ち居振る舞いに対して意識が高くなります。そして着ている本人のセルフイメージを上げることにもなります。それがまた「格のある雰囲気」も生み出すのです。

POINT

✕ ダークカラーばかりで、「くすんだ印象」を与える

○ 白を上手に取り入れ、「格のある雰囲気」を演出する

RULE 16

「パーソナルカラー」はもはや定番

前の項でも話しましたが、同じ白でも人によって純白が似合う人、オフホワイトが似合う人と、異なります。これは、人体の色素や血色、皮膚の薄さなどの身体的要素との相性で、その人に映える色、逆にくすませる色に違いが出るからです。その人が持つ肌色、瞳や髪の色や毛量などを「個性」ととらえ、タイプ別に整理し、それぞれに合う色系統を提案する手法が「パーソナルカラー」です。

■「カラー診断」の落とし穴

身につける色とその人の相性がよければ、健康的に、きれいに見えます。また、その人の全体の印象もくっきりと際立ち、どこか目立つようになります。反対に合わない色は、その人の存在をくすませ、たいへん損なのです。

エグゼクティブ・プレゼンスにとっても、そんな損は避けていただきたいことから、クライアントには男女ともカラータイプの診断は必ずおすすめしています。

ある経営コンサルタントの男性にお話ししたところ、その方はうなずきつつ、「たしかにパーソナルカラーは大事だと思うのですが、こだわりすぎてダサくなっている人もいますよね？」と言われました。なかなかはっきりした物言いですが、言われて私は考えこんでしまいました。全面否定しきれないところがたしかにあったからです。

女性にかぎりませんが、じつはパーソナルカラーの知識や診断がかえって印象形成の失敗を招いているのではないか、と思うことがあります。

どうしてかというと、知識があるあまり、色と色の組み合わせに凝りすぎたり、多色を使いすぎたりして、すっきりと見えない装いも見かけるからです。また、自分に合う色だからとビジネスらしからぬ派手な色を身につける例や、やたらスカーフなどで装飾する例もあります。

「色使い」はとても大事ですが、目的を間違えると、ただの「色遊び」になってしまいます。どんな場面でも「この色が似合う私」を表現するだけでは、「見せ方」としては正しくない場合もあるのです。

■「自分に似合う色、似合わない色」を知る

ただでさえ、女性服や小物には色のバリエーションが豊富なので、いくらでもカラーを使えてしまいます。せっかくの知識や診断ですから、「目的に合った効果的な見せ方」に使っていただきたいと思います。知識や診断だけを盲信せず、状況をよく見て利用することが、上に立つ女性にはとくに必要です。

上に立つ人、エグゼクティブ女性がパーソナルカラーを活かすには、色だけにとらわれない見識が必要です。それには、まずＴＰＯと装う目的から考え、そこで選択すべき色の幅のなかから「似合う色、似合わない色」を考えていただきたいと思います。

たとえば、白いシャツ一枚とってもパーソナルカラーの知識は意味を持ちます。つまり、純白とオフホワイトのどちらが映えるかがわかっていれば、より魅力的になれる白を選べるのです。ネイビーやダークグレーといった定番色も同様で、並べるとわかりますが色合いに差があり、この差が印象を左右することが多いのです。

以前お会いした女性クライアントは大手企業の取締役でしたが、相談に見えたときに一目で「合わない色を着ている」ことがわかりました。ネイビーというビジネスカラーでしたが、その方は濃いツヤのあるネイビーが似合うタイプであったのに、比較的浅いネイビー、しかもあまりツヤのない生地のものを着ていたのです。それは顔色を冴えなく見せるばかりでなく、軽く弱く見せていました。

そこで、レッスンの一環としてパーソナルカラー診断を行い、同じネイビーでも合うネイビー、合わないネイビーがあることを理解していただいたうえで、相性がよい色の組み合わせを提案しました。それだけでも印象がすっきりし、華やいだ雰囲気と、エグゼクティブらしい存在感を出せるようになりました。

「似合う色」を知ることは大事ですが、「似合わない色」を理解しておくのは同じように大事です。とくに**ビジネスでの定番色、白、ネイビー、グレーなどは、さきほど言ったように、同じ色でも実際の色合いに幅があります。**たとえば「濃いめ、薄め」、「鮮やかな色合い、くすんだ色合い」と違いがあります。どちらが似合い、どちらが似合わないかがわかるだけでも、色選びは上手になります。

さらに、「ツヤのあるもの」「ツヤのないもの（マット）」のどちらがより似合うかがわかれば、素材や生地もより適切なものを選べます。「強いコントラストの配色が似合うか似合わないか」がわかれば、配色も考えやすくなります。

アクセサリーも、「ゴールド系とシルバー系とでは、どちらがより似合うか」を知っておくと選びやすいですね。

まだ診断やアドバイスを受けたことのない方は、活躍中のカラーコーディネーターやパーソナルカラーアナリストといった専門家に相談するのが一番です。

ただ、すでに何度か診断を受けた方のなかには、「毎回言われることが違う」という不満を持つ場合もあるようです。今のところパーソナルカラー診断は、診断する人の主観によるものなので、そこで違いが出る場合はあります。診断を盲信せず、診断した理由を聞いて疑問が残るなら、違うアドバイザーの診断も聞いてみてください。費用はよけいにかかりますが、聞くほど色に対する理解が深まり、応用力がつきます。

大切なのは、「自分の個性を知る」「自分をより魅力的に見せる」ための好奇心です。そのような好奇心が、自分の見せ方をより効果的、戦略的に考えさせてくれる知恵となります。それは「エグゼクティブ・プレゼンス」に欠かせないものなのです。

最近、「骨格診断」も定番になりつつあります。それも知っておけば役立つでしょう。

ただし、「エグゼクティブ・プレゼンス」では「似合えばそれだけで成功」にはなりません。それは必要な要素の一つにすぎません。ＴＰＯや装う目的から考え、そこで選択すべき色の幅の中身をよく吟味してからその要素をプラスしてください。自分の個性だけでなく役割やポジションに似合うことを考えて選ぶこと大切です。

POINT

× 「似合う色」だけを考え、「色遊び」になってしまう

○ 「似合う色」と「場面」を考え、戦略的な「色選び」をする

RULE 17

プレーンパンプスこそ履き分ける

男性も女性も、仕事のときの靴の定番は「黒の革靴」です。女性靴の場合は「プレーンパンプス」が基本となります。みなさん、少なくとも一足はお持ちのはずです。このプレーンパンプスこそ、女性管理職、エグゼクティブ、あるいはそれを目指す人にこだわっていただきたいアイテムです。

■プロフェッショナルらしい「華やかさ」を演出する

企業の女性幹部や士業の方などに会うと、黒のプレーンパンプスを履いている方がほとんどです。たしかに、ビジネスアタイア（仕事服）の選択としては正しいものです。真面目で誠実な雰囲気が漂い、信頼感はもちろん感じます。ただし、それだけだと、「エグゼクティブらしい」余裕や存在感は薄くなるかもしれません。

丸っこいトゥ、ヒールは5ｃｍ前後の太目、履き口はせまく、甲を半分近く覆っているような、就活生を思わせるようなパンプスは、たしかに無難な形ではあるものの、地味な印象になってしまいます。

「有能さ」「プロフェッショナル感」を漂わせて、**「強い信頼や期待感」**を得るべき女性には、**野暮ったさはマイナス**です。

では、どんなパンプスを履くべきでしょうか？　仕事ですから、一定の「無難さ」はたしかに必要です。ただ、「プロフェッショナル感」や女性の「格」を出すには、「無難さ」だけでは心もとなく、どこかに洗練された華やかさがほしいのです。

「華やかさ」のエッセンスは、「トゥ」「ヒール」、そして「履き口」で演出できます。

まず、トゥがあまり丸っこい形だと、武骨さが強くなり、華やかさが出ません。すこし細めなものを狙いましょう。また、ヒールは細めのほうがきれいです。ただし、仕事でも不自然ではない程度の細さにかぎります。ピンヒールではやりすぎの印象が出てしまうので、「プレーン寄りの細めヒール」というコンセプトでいろいろ見比べてみてください。ヒールの高さについては、仕事用であれば5～7ｃｍぐらいが適切でしょう。

■「靴のデコルテ」の見せ方がポイント

そして、重要なのが、「履き口」です。履き口が浅いと、指の付け根がすこしのぞくようになります。

指の付け根がのぞくほど、セクシーで華やかなイメージになります。反対に履き口がせまく甲を多く覆ってしまうと、武骨で地味なイメージになります。

ある靴の製造者の言葉に「女性パンプスの履き口からのぞく足指の付け根は、女性の服からのぞくデコルテと同じ」というものがあります。デコルテと同じく出せば出すほど、女性らしい華やかさが出ます。

真面目さを出すなら甲を覆う部分を多く、華やかさを出したいなら少なく。

その加減をよく考えると、どの程度くらい履き口の浅いパンプスを選ぶかわかってきます。指の付け根が出るほど、日常の仕事には向かないほどセクシーになることになりますので、品よく見えるよう、限度は考えてください。

このように、「トゥ」「ヒール」「履き口」に注目して、プレーンパンプスを選べば、洗練されたプロフェッショナル感を足元から演出できます。

■シーンに合わせて用意する

基本の靴である黒のプレーンパンプスは誰もが一足持つべきですが、登場場面が多いだけに、一足だけだと心もとないものです。活躍される方こそ、こうした定番アイテムは投資の一つとして、いろいろなシーンに合わせて備えておいてください。

たとえば、華やかな席であれば、トゥもヒールも細く、履き口もかなり浅めのものがぴったりです。トゥが細くてヒールがスクエアのものは、モード系の洋服に似合います。そして、ご不幸の席、謝罪の場面にかぎっては、就活生パンプスのような真面目なフォルムが向いています。

堅い場面でも華やかな場面でも、自分の印象を合わせてコントロールするのは「できる人」です。それには、ベーシックな黒パンプスこそ履き分けてください。

POINT

✕ 無難なパンプスを選んでしまい、野暮ったく見える

○ パンプスを場面によって使い分け、プロっぽく見せる

RULE 18

「プロの知恵」を賢く借りる

有能な人ほど、人の知恵をうまく借りるものです。男女とも有能なエグゼクティブは、さまざまなアドバイス、コーチング、コンサルティングなどのサービスを積極的に利用する傾向があります。とくにイメージ形成やコントロールに関しては、私がお会いした方は、必ずなんらかの利用経験を持っています。あなたはいかがですか？

■プロの知識を買って時間を賢く使う

前にお話ししたように、パーソナルカラーの診断やアドバイスの利用経験のある人は本当に増えました。服のスタイリングのアドバイザーにしても、メイクアップに関するアドバイスにしても、成功している人ほどプロをあてにしている印象です。

私のトレーニングコースなどでも、知ってすぐに申しこんでくる方がいます。そういった方は例外なく「数社を経営し、海外とも行き来が多いグローバルなビジネスパーソン」という形容がぴったりの方です。その方たちは異口同音に「**プロにお願いすることで、時間と未来を買っている**」と言います。「ぐずぐず自分で考えるより経験」「プロの知識を買って時間を賢く使う」を実践しているのです。

反対に、**なかなか成功しない人は「いつか○○してから」と言います。**「必要なのはわかっているけど、私はまだそれほどの人間ではないので、いつかもうすこしステップアップしてから」という言い方が多いのです。その気持ちに、本当によくわかるのですが、いろいろな人を見て、自分も省みたときに、「いつか」と言う人は「必要のない足踏み」をずっとしているような印象を持ちます。

■自分では気づかない可能性に気づく

「本とかを見て、ある程度知っているつもりになっていたのですが、実際にアドバイスを受けて、まったく違うことにショックを受けました。今振り返ると、あれがターニングポイントでした」。これは、私のトレーニングを受けていただいたクライアントから何度かいただいた言葉です。

非常にうれしい言葉ですが、これは私が特別だからというわけではありません。私自身も過去にあるコンサルティングサービスを利用したあとに同じ感想を持ちました。**第三者である専門家から、自分自身の視点や視界と違う角度から自分を見てもらうことで「気づかなかった可能性に気づく」ことはとても多い**のです。

「気づかなかった可能性に気づく→意識が変化する→その結果行動が変化する→自分や周りの状況が変わる」というプロセスは、よく起こりうることなのです。それをあとから振り返ると「あれがターニングポイントだった」と思うわけです。

ビジネスコーチング、経営コンサルタント、スタイリスト、ヘアメイクアップアーティストなど、利用できる分野はさまざまですが、どの分野でも、人間は自分の主観が中心になります。それでは見えない壁に覆われているようなもの、欠点にも可能性にも気づきにくいのです。ときには、人の目に自分をさらす、という勇気も必要です。それによって**第三者の客観的な目を手に入れることができる**のです。

「第三者なら、友人や家族の意見を聞けばいいのではないか」という人もいますが、その場合は「視点」を持っていても「知識」がないため、診断やアドバイスの具体性や一貫性が担保できにくいのが欠点です。また、「知識がそこそこある」人の場合でも、契約関係や料金が発生していない場合は、すこし心配です。責任感やプロ意識が発生しにくいからです。プロによる刺激やノウハウは、確実なプラスになります。

どうせだったら、「プロの利用」という商品を買って、自己投資体験をするのがおすすめです。その場数を踏むだけ、自分の自信の原資となることは間違いありません。

■ 気のつかいすぎは禁物

とはいっても、まだ勇気がない方もいらっしゃると思います。セミナーなどの参加型の場合は、女性は男性と比較しても、だんぜん参加に積極的ですが、専門家に依頼するというスタイルは、逆に女性のほうがあまり活用できていない気がします。

私が見るかぎりでは、その原因として「合わなかったらどうしよう」「言われた通りにしないといけないのでは」などと必要以上に専門家に気をつかう、女性の傾向があるようです。

もちろん人間同士ですから、お互いの相性がやはり合わないこともあります。ある女性は、メイクを変えたいと思いつつ、悩んで迷って、なんとかある日勇気を振り絞って行ってみました。そして最初は後悔しました。依頼したプロのメイクの傾向と自分の好みとがあまり合わなかったのです。

こういったことを防ぐには、**依頼しようと思っているプロのブログ、書籍、口コミなどをよく見る**ことでしょう。しかし、体験後「違う」と思えば、やめる、変える、はクライアントの自由です。気をつかいすぎることはありません。この場合も「ほかのところを体験してみるのもいいことですよ」と言われて気がラクだったとか。

ただ、その女性は「いい体験になったし、やはりターニングポイントにはなった」と言います。好みは合わなかったものの、やはり知識の深いプロで、自分の顔の特徴や、顔のどこを活かし、なにをカバーすべきか、という説明がとてもわかりやすかったそうです。「おかげで、あとでほかの方のところに相談に行ったときには、以前よりも非常にしっかりと自分の疑問や課題が解消できました」ということでした。

また、いったんプロに相談すると「こんなこともリクエストできるのか」「こんな相談や利用の仕方ができるのか」ということも学べて、プロのサービスの利用者としてもワンランク上がった気がするものです。私の経験から言っても、多少相性が合わなくても、行けばなにかの「学び」は必ずあります。

その女性は、最初は行くまであんなに悩んだのに、今ではしっかりと自分の魅力と能力開発をすべく、メイク以外でも数種のセッションやトレーニングを利用し続けています。「もう、昔の自分を思い出せません。自信が本当につきました」と言います。

「私にはこれが必要」と思ったときには、積極的に専門家を探して利用してみてください。プロに頼むと費用はかかりますが、プロを活用し成功するのは裕福な人だけとはかぎりません。「今の私には痛い出費だけど、でも友人とも誰ともこんな相談はできないから。今の私に必要なものだから」と、賢く自己投資先を絞りこむ人です。

POINT

✕ 人の目に自分をさらす勇気がなく、可能性に気づかない

○ プロによる第三者の目で、自分の可能性を見つける

シャネルスーツは発表当初、不評だった?

誰もが知るシャネルスーツがココ・シャネルによって発表された当初、ヨーロッパの女性から評判はよくなかったのだそうです。

まだ女性は男性の庇護下にあるような意識が強かった時代です。そういった目で見るとシャネルスーツのシルエットはボディラインを隠し、エレガントではない印象と受け取った女性が多かったらしいのです。

しかし、そのスーツはシャネルが新しい時代の女性を意識して提案したものでした。その動きやすさや潔い雰囲気が、そのころアメリカで台頭し始めていた「活動的で発言する女性」からすこしずつ受け入れられ、やがて熱狂的に支持されるようになったそうです。

今や「シャネルスーツ」は衣服の一つのジャンルです。商標的には問題があると思いますので、正式には「シャネル風スーツ」ですね。しかし、高級ブランドから比較的リーズナブルなアパレルメーカーまで、さまざまにデザインが応用され、販売されています。女性のためだけの定番スーツとして、仕事服でも大活躍です。そんな女性のためのスーツが生まれたのは1956年。まだそれから70年も経っていません。

女性のビジネスアタイアの歴史はまだ浅く、これからまた変わっていくでしょう。だからこそ、着る女性自身が感覚を鋭くし、男性服のニュアンス、女性服のニュアンスを使い分けながら、上手に活用していく必要があるのです。

CHAPTER 3 凜とした印象は「ディテール」でつくる

RULE 19

色・柄・素材で「格」を出す

「実際のところ、日本は『エグゼクティブ』と感じる人って本当にいないと思いませんか？　男性もそうですが、女性はとくに少ないですよね」。これは、私の仕事を知った人からよく伺うセリフです。仕事の実務能力ではなく、あくまで「見た感じの印象」の話で、その原因として、単に身につける衣服＝それも色や柄、素材が、役割やポジションのイメージに合わない人が多いのです。

■おしゃれな人の大間違い

「経営者らしく見られなくて」「役職のわりには『軽い』と思われて」。こう言って相談に見えるクライアントの服装タイプは二つに分かれます。一つのタイプは「服装に無頓着」ですが、もう一つのタイプは「おしゃれが大好きで気をつかっているけど、自分の好みが中心」というタイプです。とくに気をつけたいのは、後者のほうです。

クライアントのなかには、「見た目の印象は大事だから、服装ではおしゃれに気をつかっている」と胸を張る方は少なくありません。

そのような方にかぎって、ジャケットやスーツを身につけてはいるものの、カラフルなものだったり、大きめの柄、凝った柄などだったりすることがあります。これが「見え方」としては大間違いである場合が多いのです。

そのアイテムをこのこのどうして購入し、着ているのかについての理由を聞くと、「凝っていてよい商品」「(色や柄が)おもしろいと思って」という声が返ってきます。

もし、服を選ぶときにこうした理由が常に先に来るなら、まずいろいろな場面で服装マナー違反をしているかもしれません。それではまず「格」や「信頼」は落ちてしまいます。

注意したいのは、**形はきちんとしたスーツやジャケットでも、色や柄、素材によっては、ビジネスシーンではふさわしくないものもある**ことです。では、色、柄、素材によって、どんな違いになるのでしょうか。簡単に見ていきましょう。

■「格」を上げる「色・柄・素材」のセオリー

色・柄・素材は「格を感じさせるもの」と「カジュアルで軽く見えるもの」それぞれの傾向をしっかりつかんでおく必要があります。

たとえば、明るいグレー地にはっきりした水色や赤の線を配した大きなチェック柄のスーツを着ていたクライアントは、配色としてはとても似合う色をインナーに着て、カラフルな靴を履いていました。この服装はいかがでしょう。

この装いは、もし友人同士のランチなどには明るく目立ち、おしゃれだと思われるかもしれませんが、もしも上役としての立場で部下とビジネスの商談に臨むなら、カジュアルで、印象が軽く、ことによると相手に失礼になるかもしれません。

「色」の場合、「格」を出したいときは、ネイビーやダークグレーなど濃い色のスーツが定番です。男性のビジネススタイルにまずダークスーツありきなのには理由があるのです。おもしろみはありませんが、少なくともほかのカラーよりは「誠実さ」「強さや威厳」「信頼感」「重み」は感じさせやすくなるからです。

一般的に、**明るくカラフルになるほど、「格」は感じにくくなる**のです。そして、身につける色が多くなるほど、「カジュアル感が強い」イメージになります。カジュアル感が強くなるごとに「親しみやすさ」「優しさ」といったよいイメージが出る一方で、「気安さ」「軽さ」というイメージにもつながります。カラフルなコーディネートは「風格」よりも「親しみ」を感じさせるものなのです。

また女性が好む色にはピンク、ベージュなどの中間色があります。これらはまろやかでシックさを感じさせる色ではありますが、優しさや柔らかさを感じさせる色であるだけに、ビジネスでの「格」や「存在感」は出にくくなります。

「柄」は、**無地やごく小さくひかえめな柄を使ったものが「格」は高くなります。**柄が大きくなるほどカジュアル感が強くなります。生地などの「素材」の質感は**スムースな手触りで薄手であるほうが格の高さやフォーマル感が出ます。**ツヤのないウールよりもツヤありのカシミヤ混など、**生地自体のツヤや光沢も「格」を上げる要素**です。

はっきりした柄、ざっくりした素材、ツヤ感がない素材になればなるほど、カジュアル感は強くなります。とくに女性が好むチェック柄、粗いツイード、ローゲージのニット、厚手のコットンやリネンは、「格」ではなく「気安い感じ」になります。

■プレゼンスは色・柄・素材でもコントロールする

場面によって「自分はどう見えるか」を考えて色・柄・素材を選ばないと、きちんとした服装をしているつもりなのに、「経営者らしく見られない」「役職のわりには『軽い』と思われる」といった問題が起こりやすいのですが、気づかない人も多いのです。

インターネットなどで、風格があり、堂々とした存在感のある各国の女性政治家や女性経営者の写真を見ていただくと、ダークスーツないしは、渋めのワントーンの衣服を身につけていることが多いとわかります。

今まで自分の見え方として「色・柄・素材」をどう選ぶかなど考えたこともなかったという人は、それらがいかに着ている人に落ち着きや威厳、品、といった印象を与えているか、強調しているか、を意識してみてください。
視覚から入るイメージは大事です。威厳やプロフェッショナル感といったイメージを優先したいときに、「女性らしい」「優しい」という柔らかなイメージが前面に出すぎてしまったり、信頼感や誠実さを出したいときに「個性的」「明るく軽い」などの印象が出すぎてしまったりしてはもったいないのです。ですから、色・柄・素材は「おしゃれ」ということだけで安易に選んではいけません。

おしゃれであること自体は素敵なことです。またカジュアル感が全面的に悪いわけではありません。仕事の場面にはいろいろありますから、重々しさが必要なときもあれば、逆に親しみやすさや軽さが重要なときもあります。大事なのは自分で人に与える印象を選択しようとすることと、選択できるようになることです。

POINT

✕　自分の好みだけで、色・柄・素材を選んでしまう
○　出したいイメージで色・柄・素材を選ぶ

RULE 20

柄は「全身で一つ」が正解

「いい人だとは思うのですが、彼女の雰囲気がすこし気になってしまって」

これは、ある女性経営者Aさんから聞いた言葉です。Aさんは知人から経営コンサルタントのBさんを紹介されました。そのBさんも女性です。いい人で熱心なのもわかるけど、Bさんの雰囲気に「安っぽい」印象を感じ、コンサルティングを依頼する気になれない、と言っていたのです。すこしドキッとする言葉です。

■「すっきり感」は「プロフェッショナル感」に通じる

Aさんが言うのは、Bさんの服装の印象が気になったそうです。たとえば、ある日はツイードジャケットにレースのインナー、ある日はストライプスーツに淡い花模様など、いつもコーディネートがごちゃごちゃとうるさく感じるそうです。

「経営コンサルタントって頭もセンスも必要、というイメージなのに、プロフェッショナル感がないように見えてしまいます。こう考えるのはおかしいでしょうか」

Aさんの言うことは、おかしくはありません。人が見て感じることを止められませんし、ましてや仕事を任せるかを判断するときに、感覚的なことを大切にするのは誰でも当たり前のことです。

ここでの教訓は、**男性でも女性でも、ごちゃごちゃした見た目ではうまくいかない**、ということです。計算され、よけいなものをなくした「すっきり感」こそ、知性や有能さ、頼れる印象を感じさせ、それが「プロフェッショナル感」に通じるからです。まず、**「柄は全身で一つ」が正解**だと覚えておいてください。

男性のビジネススーツには「スーツ、シャツ、ネクタイのいずれかが柄物であったら、あとの二つは無地にする」いわゆる**「一柄二無地」の原則**があります。これは女性にもあてはまります。

柄同士をあえて組み合わせるおしゃれもありますが、一流の男性エグゼクティブは、仕事でのメリットをより重視し、原則をきちんと守っているものです。ただ、女性のアイテム選択の場合、この原則を守るのは男性に比べてやや難しいと感じます。

■ 女性アイテムは選択が難しい

男性の場合、スーツスタイル用のインナーは、スーツ売り場に売られているため、手に入りやすいです。ワンストップでトータルコーディネートしやすいため、ビジネス感やプロフェッショナル感のあるスタイルを難なく実現できます。

対して、女性のインナーは独立したファッションアイテムとして売られている場合が多く、スーツインナーにしてはデザインされすぎて、よけいに装飾されていることが多いため、**単品で見て買うと失敗する可能性もある**のです。

それだけではありません。バッグや靴などの小物も、市販の女性ものはカラフルなもののほうが多いですよね。ですから、これも全身のバランスを考えて買わないと、合わせたときにすっきりしない印象になります。

まず、柄が入ったバッグや、トゥやヒールに別色が入った靴などをお持ちの場合は、それを身につけるときは、衣服を柄なしの一色だけにしたり、同系色のみにしたりするなどをおすすめします。

ある女性経営者が、書類が入りやすいと定番にしていたA４サイズバッグは、とてもおしゃれなバイカラー（二色使い）のバッグでした。そして、その人が好んで着ているスーツはほとんどがストライプやチェック、あるいはツイードなどの柄が目立つものでした。二つ合わせると、非常にカラフルでポップな印象です。

本人には「元気に見られるのはいいけど、軽く扱われることも多い。もっと貫禄や品格を周囲に感じさせたい」という課題がありました。しかし、そのような格好で長く気づかないまま真逆の印象をつくってしまっていたのです。

柄は全身で一つが正解です。**柄同士がぶつかると、有能感や洗練、品がなくなりやすい**ことに注意してください。「ツイード」や「レース」は厳密には「柄」ではありませんが、「無地」にはなりません。このような凹凸がある素材は柄のような印象を生み出すので、組み合わせに気をつけたいところです。

冒頭のBさんには残念ながら服装のアドバイスをさせていただく機会はありませんでしたが、クライアントで、同じようにうるさく感じるコーディネートを選んでしまっていた方には、十分にアドバイスができました。

「この織柄ストライプとこのレース柄とがぶつかるので、このレースインナーを無地に変えたら、すっきりしますよね」とビジュアルで見せると、「レースや織柄が『柄』としてうるさくなるなんて気づきませんでした」と言って、次回お会いするときからすぐに直してくれました。今ではエグゼクティブ然とした信頼感漂うコーディネートをされています。

前に「日本には女性エグゼクティブがいない」という印象を持つ人がいると言いましたが、この「柄同士のぶつかり合い」を気づいていない人が多いことも、影響している気がします。「柄は全身で一つ」。ビジネスで装うときはぜひ、この原則に気をつけてください。

POINT

✕ 柄同士がぶつかりプロフェッショナル感を損なう

◯ 柄は一つで、プロフェッショナル感を出す

RULE 21

「甘い×甘い＝できない印象」

「かわいいと思われたい」という感情は、女性であれば、自然なものです。しかし、仕事の場面で、「かわいさ（甘さ）」を強調した装いをするのはおすすめできません。なぜなら、かわいい格好は、「軽く扱ってください」と自ら言っているようなもので、「プレゼンス」を際立たせることにはならないからです。

■女性服には「甘さ」を感じるディテールが多い

前にも例に出してしまいましたが、以前そのファッションが一国の大臣にふさわしくないと、よくやり玉に挙がっていた女性閣僚がいました。

あるときは、ひざ上丈のAラインスカートのかわいい印象のスーツに柄ストッキングを身につけていました。すこし広がったAラインスカートや柄ストッキングは、どちらも「甘さ」を感じるアイテムです。一国を代表する立場の人が「甘い×甘い」スタイルでは、見ているほうは「任せていて大丈夫かな？」とすこし不安を覚えます。

しかし、他人事ではありません。女性の衣服には、このように「甘さ」が加わっているものは多く、うっかりと着ていると、ビジネスシーンでは文字通り「甘い」という印象を意図せず与える可能性があります。そして、それを知りながら、「かわいさも大事」という感覚で身につけている女性も決して少なくありません。

ある異業種交流会で出会った方もそうでした。その会は、仕事に意欲的で、今後も活躍したいと思っている女性の集まり。役職についている方、いない方、会社員の方、士業の方、自営の方と、多種多様な業種、ポジションの方が参加していました。

いくつかあった談笑の輪の一つで、「女性は本当に認められにくい」と持論を展開している人がいました。その人は若手のようですが、すでに会社ではリーダー的なポジションである様子でした。その彼女いわく「真剣にがんばっているのに、上の男性は、どこか『よちよち〜』という感じで軽く扱うので悔しい」。そう愚痴る彼女に「そうよ。まったく男性は……」と意気投合する人もいて盛り上がっていました。

その彼女の格好は、ベビードールタイプの長めトップにスカート、足元はキラキラと光るビジューつきのミュールというものでした。ベビードールは子どものネグリジェの形を模して胸で切り替えたかわいいデザイン。それにきらきら光るミュールを合わせたスタイルは、まるでお人形さんのように甘めでした。

誰が見ても「かわいい」と思える格好ではありました。しかし、その会は平日の夜で、仕事帰りの格好のはずなのに、「ビジネス」の雰囲気はまったくありません。友達とお茶か、恋人と軽いデート、なら非常によく選択の意図が理解できます。しかし、仕事でのチャンスを広げたいという集まりの場合はどうでしょうか。彼女には申し訳ありませんが、男性が軽く扱ってしまうのも、わかる気がしたのです。

■服装が持つメッセージを意識する

「服装」にはじつは強いメッセージ性があります。**「かわいい格好」は、単純に言うと「かわいがって」「かわいいと思って」と周囲にメッセージを送ります。**

仕事で周囲に「かわいがって」「かわいいと思って」というメッセージを伝えているとしたら、仕事で肩を並べたいと思っていても、どこか自然に下に見られる結果にならないでしょうか。それでは、ビジネスで自分の姿勢ややる気を伝えるのは難しいでしょう。**「軽く見られる」要因は、服装を中心とした印象形成の失敗に原因があるケースが多い**のです。そういう意味で、「甘さ」を伝えるディテールは用心が必要です。

■フリル・リボンは幼く見える

ビジネスシーンでは、服が持つディテールに用心して、甘さをひかえめに抑えたいものです。

「甘さ」を感じるディテールやアイテムを知り、それを避けるようにしましょう。まず、フリル、リボンです。幼く見られやすいので、目立ちすぎると「幼稚」な印象になってしまいます。

広がりのあるスカートも注意してください。たとえば、ギャザーやフレアー、プリーツ、台形のスカートはカジュアル感やかわいらしさを強調します。

「甘い×甘い」のコーディネートでは、「できない人」という印象を与える可能性のほうが高いことを忘れないでほしいのです。

「かわいい格好」のほかに、「カジュアルな格好」も注意したいところです。「カジュアル」とは、すなわち「気楽」「ラフ」というニュアンスを帯びる格好です。仕事に対する真剣さや責任感はやや見えにくくなる場合もあるのです。女性カジュアルの代表格としては、簡単な羽織りものやカーディガンを合わせたコーディネートです。

ジャケットを着たスタイルに比べると、「代表」や「責任者」というより、どうしても「サブ」「アシスタント」といった色が強くなります。**管理職以上は、その役割を明確に示したいなら、ジャケット着用を多くしたほうがいい**でしょう。

これは服装規定のような「こうしなければならない」というルールとはまた違います。「これを着ればこう見える」というのは、私たちの無意識のなかにあるごく感覚的なことなのです。その感覚は無視するべきではなく、「うちの会社はカジュアルだから、なにを着たっていいはず」ということではないのです。

女性ですから、女性ならではのスタイルはあっていいと思います。男性と同じ格好では「男装」にしかなりません。ただ、ビジネスらしい「真剣さ」「責任感」「相手と対等の立場」を表現するのには、「甘さ」「装飾過多」「過度なカジュアル感」は邪魔にはなっても助けにはならないのです。賢く自分のイメージをマネージするためには「甘い×甘い」はご法度と思ってください。

POINT

✕ 「かわいい」ディテールが多く、軽く見られてしまう

◯ 「甘さ」をコントロールし、真剣さ、責任感を見せる

RULE 22

デコルテで「抜け感」をマネージする

ビジネス服として、男性のスーツに学ぶところはたくさんあります。しかし、女性が男性のスタイルをそのまま真似ると、おかしな印象になります。

衿元が締まれば締まっただけ「できる感」が出る男性のスタイルに比べると、女性のスタイルには適度な「抜け感」がないと、品格や余裕が出ず、その結果「できる感」が薄くなるからです。「抜け感」のポイントは「デコルテ」にあります。

■男性と女性の「品格の出どころ」の違い

「スーツ姿が決まっている男性はかっこよくて、いかにも『できる』感じだ」。これは男性でも女性でも誰もが言うことです。スーツ姿が「決まっている」というのは、シャツやスーツのサイズがぴたっとフィットして、ネクタイできゅっと衿元が締まっている様子です。いかにもスキがなく、それが男性の品格や頼もしさを引き立てます。スーツからのぞくシャツの衿の清々しさも、それに一役買っています。

しかし、女性がそれを真似て、同じような格好をすると、なぜか「品格」「余裕」とは違う印象になります。たとえば、女性が白の衿つきシャツをスーツの下に着るのはカッコいいですが、成熟したキャリア感やエグゼクティブ感は弱まります。「活動的」とか「真面目」とかのイメージが強くなりすぎるのです。

また、そのシャツボタンを上まで留め、襟元が詰まった感じになると、場合によっては「キャリア」「エグゼクティブ」というより「リクルート」のイメージにしかなりません。そう見せたい人にはいいですが、それは、少なくともあなたが望むイメージではないと思います。

これには服装の歴史に原因がありそうです。現在のようなスタイルになるまでの歴史のなかで、昼夜問わず儀礼服でしっかりと衿元まで包む男性服に比べ、昼はともかく夜の儀礼服では華麗に美しいデコルテを見せる女性服という違いがありました。

夜のフォーマルウェアでは、最上位フォーマルとして男性は燕尾服ですが、女性は

「ローブ・デコルテ」というネックラインが大きくカットされたドレスです。**最上級の「格」は女性がデコルテ部分を十分に見せることで成立する**のです。

■デコルテを隠す人は損をしている

「デコルテ部分」とは、鎖骨を含めた首筋から胸元までの部分です。女性が気品や余裕を見せるには、この「デコルテ部分」が大切です。**女性のデコルテは、「ゴージャス感」を生み、見せ方しだいで、印象は大きく変わります**。

もちろん、夜のフォーマルとビジネスアタイアは別物ですが、キャリア豊かな年齢で隠しすぎるとすこし野暮ったくなります。若い女性向けのポップでカジュアルな衣服を扱うブランドは、あまり鎖骨を見せないような詰まった衿ぐりを多く用いています。それは、若さやポップさを強調するには、そのほうが合うからです。

逆に考えれば、**大人の女性らしさは詰まった衿ぐりでは出にくい**のです。しかし、たいへん惜しいことに、ある程度の年齢になると、デコルテを見せるのに躊躇し、詰まった衿を好む人が多くなります。タートルネックばかり着ている人も多いです。

ある程度鎖骨を見せることによって落ち着きが表現されますので、安易に隠してしまうと、「大人らしい余裕」や「格」も隠してしまいます。ビジネスでの露出しすぎは禁物ですが、どの程度出すかに、あなたのセンスを漂わせましょう。

コンサルティングで出会うキャリア豊かな女性管理職にも、デコルテを隠してしまっている女性が多く感じます。**せっかくお持ちの「威厳」「品格」を表現できる要素を隠してしまって気がつかないのは、とてももったいない**ことです。

「エグゼクティブ・プレゼンス」が必要な方は、デコルテの魅力を意識し、見せ方を積極的にマネージしていただきたいと思っています。

■デコルテはこう使おう

まず、先ほども申したように、ビジネスではセクシーすぎると逆効果です。衿ぐりの幅は鎖骨の真ん中まで、深さは鎖骨が見えるか見えないかくらいが基本ラインです。

スーツのインナーは、白のようなオーソドックスな色で、基本ラインを中心に考えて、それよりすこし衿が詰まっているもの、逆にそれよりすこしだけ開き気味なもの、といくつかバリエーションを持たせると便利です。微妙な違いでイメージも変わるからです。**硬いイメージでいきたいときは、やや詰まったものを着て、華やかな雰囲気を出したいときは、すこし開き気味なものを着るといい**でしょう。

似合う衿ぐりは、その方の顔の輪郭によって違ってきます。一般的には細い輪郭の方には細さをカバーする丸い衿ぐりをおすすめし、丸顔や角型の方には輪郭をすっきり見せるV字の衿ぐりをおすすめするなどしています。微妙な違いが印象の差を生みますので、購入する際にはインナーも試着して選べるお店を選んで、自分の見え方をよく吟味して購入してください。

パーティなどのエレガントなシーンでは、衿ぐりを深めにしてデコルテをすこし強調するとよいでしょう。何度も言いますが、年齢を気にし、隠してしまうのはもったいないことです。堂々と見せてください。それに、隠すと逆に肌も衰えるものです。きれいに見えるよう顔と同じように手入れする心意気も持ってください。

女性らしい品格、余裕は男性の真似では生まれません。男性は肌がスーツから見え隠れしすぎると、野暮ったい弱々しい印象になり「できる」演出にはならないのに、女性はそこに品格やエレガントさが出て、結果的に「できる」「頼れる」イメージになるので、おもしろいものです。

男性の衣服に学びたいことはうまく咀嚼《そしゃく》して再構築する必要があります。スーツを着るのにも「デコルテ」を中心に「抜け感」をうまく演出しましょう。海外の女性エグゼクティブの装いを見ていると、非常にうまく出しています。

そして、パーティなどでは、年齢によらずにデコルテや肩や背中をバーンと出して、貫禄を見せつけている女性が多く、それがなんとも潔く、また女性ならではの迫力を感じます。今後、年を重ねていっても、こういうところは恐れず見習いたいものだと思うことがしばしばです。

POINT

✕ デコルテを隠してしまい、品格・威厳を演出し損なう

○ 場面に合わせて、「デコルテ」で品格・余裕を演出する

RULE 23

「ひたい」にビジネス感が現れる

印象とは不思議なもので、ちょっとしたことでも、その違いで仕事に必要な信頼感やプロフェッショナル感が感じられなくなってしまうことがあります。

ヘアスタイルは、「額」という大事なパーツを引き立たせる「額縁」であり、ちょっとの違いで印象に大きく影響します。もちろん、あなたもヘアスタイルについてはこだわっているでしょう。ただ、ちょっと気をつけていただきたいことがあるのです。

■衝撃をもたらす「ヘアスタイルの明暗ポイント」

数年前から、男性のために「かっこいい」と「ダサい」と明暗を分けるスーツの着こなしポイントを伝えるセミナーを何回か行っています。明暗ポイントをまとめて説明すると、参加者は「そんな微妙なことでこれだけ印象が変わるのか」と驚きます。

なかでも参加者にいちばん衝撃をもたらすのは「ヘアスタイルの明暗ポイント」です。

顔にとっての額縁であるヘアスタイルですから、それがビジネススタイルやスーツスタイルにマッチしないと、変に見えるのは当然です。男性の場合は無頓着に学生のときのままマッシュルームのように前髪をたらしている人が多いのですが、これをすっきり上げると、どこか決まらなかった人が驚くほど精悍《せいかん》な印象になるのです。

これは男性だけのお話ではなく、女性も前髪が印象の「明暗ポイント」になります。ことに「エグゼクティブ・プレゼンス」に関しては、前髪を残したヘアスタイルには慎重にならざるをえません。前髪は、ビジネスシーンにおける成熟した大人のキャリア女性としては、ややミスマッチに感じるものだからです。

■若さ、かわいさは本当にメリット？

ミスマッチに感じるのは、前髪をひたいにたらしていると、若く見え、かわいくも見えるからです。「それはいいことなのでは」と思う人もいるでしょう。潜在的に「若見え」イメージや「かわいい女性」イメージを願う人は多いはずです。

たしかにそう見えることにはそれなりのメリットがあります。しかし、キャリアを持つ知的な女性、成熟した女性にとって、本当にメリットでしょうか。

それよりは、すっきりとした知性を感じさせたほうが、メリットがあります。

前髪はまた、「幼さ」の象徴でもあります。幼子は前髪をたらし、大人になった証としてひたいをすっきりと出すということは、日本では儀式でもありました。ひたいを出した潔いイメージが大人らしさを象徴したのでしょうか。

海外では儀式の話は聞きませんが、成人になるとほとんどの女性は前髪を上げており、それが日本人に人気のヘアスタイルと違うことである、とよく知られています。これは日本人が他国の人に比べて年を重ねることを恐れ、年齢や若さにこだわる傾向がある、と言われていることと似ているような気がします。あなたという人の「見え方」は「若さ・かわいさ」と「大人らしさ」のどちらでしょうか。

■ヘアスタイルがこれほど影響があるとは

エグゼクティブ然とした雰囲気をまとおうとして、質のよいもの、デザインに成熟した雰囲気があるものを着ているにもかかわらず、ヘアスタイルだけは若さ、かわいさが残るものになっており、そのミスマッチで、イメージを損なっている例はよく見ます。

実際、ある女性エグゼクティブもそのケースでした。よいブランドのスーツをきちんと身につけているのに、若いときからの黒髪おかっぱスタイルで、ひたいにたれた前髪が奇妙に幼く見え、なにか頼りなさを醸し出していたのです。

この方には、すぐに美容院に行って新しいヘアスタイルにチャレンジするように申しました。幸い、おかっぱスタイルに格段のこだわりはなく「ただ面倒でなんとなく変えていなかった」だけだったので、すばやく取り組んでいただけました。

ヘアスタイルは目立つところですから、周りの反応はすぐ変わり、しかもかなり上々だったとのことです。ご本人は、それに驚き「今まで服装や振る舞いなどについて、それなりに学んで努力してきたつもりだったのです。それでもなかなか周囲の評価が変化しないというくやしさがあったのですが、ヘアスタイルがこれほど影響あるとは」と驚いていました。自分では「変えどころ」になかなか気づかないのかもしれません。

■ひたいを出すには勇気が必要？

前髪にこだわる方のなかには、「自信がないので隠している」という方も多いです。ひたいのシワが気になる、単純に顔をあまり出したくない、というその方なりの理由があるのです。これは「わかるなあ」と思います。**ひたいを「出す」のはなかなか勇気がいることです。**

しかし、**はっきり申し上げて心配は無用**です。私の経験では、ヘアスタイルをすっきりとひたいを見せるスタイルにした全員が、非常にすばらしく変身されたからです。

華麗な変身ぶりに周りが「おお」とどよめいたり、ご自身が感心して鏡にしばらく見入ったりすることもしばしばです。**自分で思っているよりずっと似合う**と思ってください。それでも、いきなりひたいを出すのが怖いという方は、前髪をもうすこし伸ばしてみてください。ひたいを全部出さないにしても、斜めに流すなどすることで、雰囲気が変わります。少なくとも、無造作に前髪をたらしたままはやめましょう。

おかっぱのボブスタイルがトレードマークだったり、マッシュルームのように顔を丸く覆ったヘアスタイルがぴったりお似合いの女性有名人もいます。

それは、そのヘアスタイルがその人のイメージとして確立されて象徴となっていることや、アートやデザインという分野で先駆的なセンスを発揮していることもあり、すばらしいと思います。

しかし、無頓着であったり、若く見えることのほうに価値を見出したり、あるいは「隠したい」という理由でひたいを覆っているなら、もったいないことです。ひたいは知性を表すパーツです。隠すよりはぜひ出すべきです。知性のきらめきや涼やかさが、自分の想像を超えるくらい効果を発揮して、あなたの凛とした存在感を引き立てるはずですから。

POINT

✕ 前髪で、成熟感や知性を隠してしまう

○ ひたいを出し、知的な大人の印象を与える

RULE 24 スカート丈こそ勝負どころ

男性のスーツにおけるパンツの丈、裾幅はスタイル全体に大きく影響します。女性の服装でいえば、スカート丈がそれに相当します。しかも一応「標準」が決まっている男性のパンツ丈に対して、**女性のスタート丈はよりパーソナルに考えるべき「幅」があります。丈選びは慎重にしましょう。**スタイルをすっきり見せたり、品格を上げたりするのに真剣に検討する価値がある部分なのです。

■その人にふさわしい丈がある

コンサルティングに見えたOさんは、大企業の女性部長。外資系を経験した人が多い企業のため、「エグゼクティブ・プレゼンス」について認識している人も多く、その中で「頼りなく見られる」のが悩みでした。お会いしたところ、すこし童顔で小柄な体型の方でした。まず気になったのは「野暮ったい印象」でした。

Oさんの、**野暮ったい印象をつくっていたのはスカート丈**でした。童顔で小柄であることを気にして、大人っぽく見せようと、硬い感じのテーラードスーツを着ているばかりでなく、ふくらはぎ半分くらいまでの長さのスカート丈にしていたのです。聞くと、だいたいいつも、そういった格好を選ぶとのことでした。

その気持ちはよくわかりましたし、たしかに長めの丈は大人っぽさを出しますので、ほとんどの場合に私も「長め」をすすめています。ただ、すこし間違うと老けた感じのほうが強くなる場合もあるのです。残念ながらOさんは、そちらのイメージが濃くなっていました。「**長め丈**」**が野暮ったさになり、安定感は感じられるものの、有能でてきぱきした雰囲気はなかった**のです。

お話をしていたら、とてもユニークな感性を持ち、冷静で才気煥発な方です。本来でしたら、童顔で小柄という外見は、このはつらつとした才気に合うものであり、それが強みとなる印象形成ができていたはずですが、そうなっていないことを惜しく感じました。

もともと、どちらかというと「自分の外見のことをあまり構わない」タイプであるので、そこはおいおい変えていただくとして、スカート丈をまず変えていただくように言いました。通常は、スカート丈はすこし長めをすすめるのですが、Oさんの場合はむしろ短くして、ひざが約半分くらい出るまで上げてもらいました。

次にお会いしたとき、成功を確信しました。それだけで、躍動的な雰囲気が出て、生き生きとした印象が生まれていたからです。

とっさに「山椒は小粒でピリリと辛い」という言葉を思い出しました。体型は小さくても存在感が出て「頼れる」イメージです。「最近、がんばっているね」と周囲や上司から声をかけられることが多くなったそうです。Oさんは「がんばり方は前と変わっていないのですが、不思議ですね」と笑っていました。

■自分に似合う丈を見つける

女性弁護士のKさんは、自分の年齢（50代）やすこしぽっちゃりした体型を気にし、Oさんと同じく、ふくらはぎ半分くらいの丈のスカートが定番でした。これも残念ながら、すこし「鈍く重い」印象になっていたので、スカート丈を直してもらうことになりました。

ただ、非常に慎重さが必要でした。先のOさんがしたようにひざが半分出てしまうような長さでは、若すぎ、軽すぎ、という印象になります。検討の結果、ふくらはぎからひざに至る、すこしだけ細くなるあたりを見せる丈にしてもらったら、全体にきびきびした表情が加わり「できる印象」が強まりました。

このような「**似合う丈感**」**は人によって微妙に違います。**たとえば、まだまだひざ上丈が似合う年齢の方でも、あえて丈を長めにとると、いい感じの「頼もしさ」が出る場合もあります。

ビジネスシーンでのスカート丈の基本は、女性管理職であればひざ丈〜ミディ丈（ふくらはぎ上部）の間が目安です。ちょうどいい丈感は、流行にある程度左右されるものでもありますので、自分に似合う丈、自分のポジションや役割に似合う丈についてはは毎年ちょっと気をつけるようにしてください。

一般的には長め丈のほうが安定感や、信頼感、そして経験や年齢的なベテラン感が出ます。ですから、役職が上になれば、それだけ長めのほうがイメージに合ってきます。また、金融など「堅い」仕事にも同じ理由で長め丈が合うでしょう。ただし、これはあくまで一般的なお話です。試着やオーダーの際には、鏡の前でよく自分の見え方を吟味することです。

先にご紹介した女性部長は、人から印象の変化をほめられるようになり、その影響で気持ちのほうも前より積極的になったそうです。「自分らしさが出て前向きになったというか。発言や行動でも前に出ていけるようになったような気がします。やっぱりスカート丈で自分にこれほどの変化があるとは想像しませんでした」。

これは非常にうまくいった例ですが、スカート丈は全身の印象にかなり影響があります。真剣に検討するかいがある勝負どころですよ。

POINT

✕ スカートの丈が合わず、有能さが伝わらない

◯ 「似合う丈」を理解し、頼もしく有能に見せる

RULE 25

メイクはやはり武器になる

なぜ、「メイク」をテーマにしたお話をするか、というと、今までお会いした女性管理職や士業、経営者といった女性の方たちには、ズバリ「メイクが惜しい」と感じる人が少なくないからです。能力もやる気も人一倍ある方々ばかりなので、なおさら惜しいと思うのです。

■「メイクが苦手」には理由がある

メイクは女性特有の身だしなみです。思いきり楽しむ人もいれば、あまりしない方もいます。たまに「この方はあまりメイクが好きではないのだな」と思うようなキャリア女性にお会いします。そういった方は、メイクすることに不自然さを感じたり、無駄と感じたりする人も多いですが、どうすればよいかわからずに手を出しかねている、という状態の人もいるのではないかと思います。

しかし、そのような女性が身だしなみの意識や自分の「見え方」への意識が低いかと言えば、逆です。意識が高い方が多いのです。ただ問題は、メイクについては「自分にとっての理想形がわからない」ことでしょう。それを知るための「学ぶ場所がない」「本当に必要な情報がわからない」ということです。

メイクの理想形や本当に必要な情報を知らないままでは、印象で大きな損をしてしまうと言わざるをえず、それが本当にもったいない気がしてしまいます。

ある方は、自分の骨格とずれた眉の描き方をして、アイシャドウを申し訳程度に塗っているだけでした。ある方はあまりアイシャドウを使わず目立つところにアイラインをくっきり描いているだけのようでした。目立つのは、自分の雰囲気や骨格を無視しているかのようなメイクです。本来の顔に合わない不自然な線や色は本来の魅力を損ねます。それは本当にもったいないことなのです。

あるメイクアップアーティストが「メイクは『お絵かき』ではない、自分の顔に真剣に向き合わないとダメ」と言っていましたが、金言だと思います。

■自分に合ったメイクはプロに学ぶ

プロのヘアメイクアップアーティストに聞いた話では、**アイブロウとアイラインの描き方をきちんと習得するだけでも違う**のだそうです。そこで印象がガラリと変わるからです。アイブロウはミリ単位の違いが表情を左右しますし、アイラインは女性の「眼力」を操ります。

また、そこを極めると、自分の骨格や眼の形などをどう活かすか、どう補正するかを理解しやすいのです。つまり、「自分にとっての理想形」が理解できるというわけです。しかし、問題はどうやって習得するか、です。本もありますが、**習得がいちばん早いのは「プロ」に習ってしまう**ということだと思います。

先に「プロを賢く利用する」について書きましたが、メイクこそぴったりの分野ではないかと思います。

なにしろ、数百人以上、数千人以上、といろいろな顔を見てきた人ばかりなのです。その人の骨格やパーツに合ったメイク方法や、似合う色の診断はお手の物です。そして、メイク用品の情報の豊富さも素人とは比較になりません。そういったプロのレッスンを、ぜひいちど受けてみてください。できれば数回習うようなコースがいいでしょう。ただメイクをしてもらうのではなく、自分に合った方法と似合う色を教わるのです。

なぜ、熱心にそういうかと言えば、**私自身も「きちんと習ってよかった」という体験があるからです。いちばんよかったのは「メイクする意味」がわかったこと**です。

私自身の顔の輪郭やパーツの特徴と、いわゆる「美人顔」との差。理想に近づけるこのためには、眉にこれくらいの長さが必要、角度はこれくらいがいい、アイラインはここにこうひくべき、など「学び」は数え切れません。それ以前は機械的に色を塗っていただけですが、毎日のメイクが俄然おもしろくなりました。それまでの間違いもよく理解できたものです。

なにしろ、毎日のことであり、顔は人からいちばん目につくところです。うまくつきあったほうがラクだということです。また、**自分の顔を知り、うまくメイクを施している人は、やはり自己管理がきちんとできている印象ですし、品格を感じます。**たとえば、表情の締まりにとても重要なパーツ「眉」などは、描き方が美しいとそれだけで洗練された、ノーブルな印象になります。いちどぜひ学ぶ機会をつくってください。

■メイクはTPOで使い分ける

オフィスでは、品のいい清潔感のあるメイク、リラックスした時間は自分や一緒にいる人を締めつけすぎないナチュラルなメイク、パーティなどの華やかな場所は、目立つことを意識した華やかさ。前述したメイクアップアーティストは、「たしなみのある女性であれば、メイクこそTPOを考えてほしい」と言っています。

要は、その日どのように過ごすのか、「意図」を持ってメイクすることが大事ということです。TPOの意識は大人のビジネスパーソンにとっては、リテラシーというべきものです。メイクについても実践していきたいですね。そんなふうに切り替えができる人には、周りの人からも「なんだか素敵」「品がある」という印象のほかに「知的」「頼りになりそう」と思われる気がします。

これを読んで、メイクのことを「そこまで考える必要があるのか」と思う方もいると思います。しかし、先ほども言ったように毎日のことです。うまくできるのとできないのとでは、無意識のセルフイメージにも差がつきます。

これまで何回か人のメイクに立ち会わせていただくことがあって、そのたびに感動するのですが、**メイクが仕上がってくると、その人のよさがグレードアップされるだけでなく、表情そのものが輝き、まるでそれまでとは違う雰囲気になる**のです。これは自分の持つ自分の魅力を再認識して、セルフイメージがぐっと上がり、それが表情という肉体的なものに影響したからです。表面が中身を変えることはあるのです。

自分の顔の扱い方がわかればわかるだけ、存在感を上げることは容易になります。メイクはやはり女性の武器になります。一回は本気で考えてほしいのです。

POINT

✕　自分の顔に合う「理想形」を知らないままメイクする
○　自分の顔に向き合い積極的にメイクを学ぶ

RULE 26

ひかえめと地味は違う

「ビジネスでは柄は一つ」「三色以上は使わない」などとこれまで語ってまいりました。これはビジネスアタイアの原則として、ふだんから私が提唱していることです。色とりどりの華美なスタイルよりも、ひかえめな色使いや装飾のほうが、ご本人の「品」や「風格」が表れやすくなるからです。しかし、ひかえめになりすぎて「地味」になると、今度は存在感が薄くなります。「見え方」には注意が必要です。

■「真面目」だけど「余裕」が感じられない

私が言うまでもなく、女性管理職やプロフェッショナルのなかには、仕事への姿勢を表すために、仕事服ではあまり装飾的なものを身につけないようにしている方は多く、ネイビー、グレー、ベージュのスーツや、黒っぽい上下を身につけている人が目立ちます。そうでなければ、女性らしい色、たとえば薄いピンクやイエローなどのごく淡い色の組み合わせ、というひかえめな色使いです。

いずれも「真面目」「硬い」な印象の色やスタイルです。ただ、これにくわえるのが、目立たないアクセサリー、ローヒールの無難な形の黒パンプス、厚手のストッキング、とどこまでもひかえめな印象のアイテムが重なってくると、「ひかえめ」を越えて無難なだけの地味な印象になるケースがあります。

「真面目」「硬い」の印象からはたしかに信頼感や安定感は伝わるのですが、それだけに終わると、社会的な成熟感や余裕といった雰囲気はあまり感じられなくなります。そうすると「凛と際立つ存在感」としての「エグゼクティブ・プレゼンス」にはなりません。前にも申した通り、上に立つ人にはちょっとした洗練された雰囲気が必要なのです

では、そういう方たちはどこに気をつければいいのでしょうか。私の経験では、見直していただきたいのが「アクセサリー」です。

■したたかに「見え方」を考える

「アクセサリーはひかえめに」と、これも私は原則としてどこでも言っていることです。色とりどりの華美なスタイルよりも、ひかえめな色使いや装飾のほうが、ご本人の「品」や「風格」が表れやすくなるからです。

ただし、ひかえめすぎてはいけません。**アクセサリーがもたらす「光」の分量は非常に大切**です。そして、年齢やキャリア、ポジションによってその人にどれくらいの光が必要かは変わります。とくに年齢です。「若いときのナチュラルは、年を重ねると質素になる」。以前雑誌でフランスのマダムがインタビューに答えてそう言っていたのを見たことがありますが、本当にその通りなのです。

悲しいかな、加齢によって肌の輝きは衰えます。それとともに、アクセサリーにかぎりませんが、合わせるべきものは当然変わります。若いころは、あまりデコラティブな宝飾は似合わないものです。それには肌が輝きすぎているからです。なにもいらないか、つけるとしても、プチアクセサリーがちょうどでしょう。

しかし、**肌の輝きが弱くなり、シワが刻まれるようになると、だんだんとジュエリ**

ーなどの輝きがちょうどよく調和してくるようになってきます。そのときに、肝心なのは「どんな光をプラスしてくれるか」を考えて身につけるものを選ぶことです。ブランド名や価格という価値も大事ですが、キャリアやポジションにふさわしい光り方やボリュームという考え方はさらに大切です。

若いときからずっと同じアクセサリーの用い方をしていたため、ほんの小さなダイヤのネックレスしかしていなかった方に、すこしボリュームのあるイヤリングをプラスすることをおすすめしただけで、「上司からの評価が変わった」と言ってくれた方もいらっしゃるくらいです。

アクセサリーそのものの存在感は不要です。あくまでアクセサリーを合わせたときのご自身の存在感がどうかが大事なのです。ブランド名だけが目立つなど、つつしみのない「派手」は、その人が持つ知性、経験値、品格を出すにはふさわしくありません。

そして、ここまでお話ししてきたこと、具体的には、かわいさよりも知性漂うヘアスタイルを選ぶこと、自分に似合う色を見分けること、サイズ感に敏感であること、靴のこと、衿ぐりやスカート丈を計算することなどは、その人を「成熟」した雰囲気にします。見え方は「したたかに考える」ことが成功への道。少なくとも、その人が持つ中身やポテンシャルが周囲にきちんと伝わるための工夫は積極的に行ってほしいのです。

コンサルティングでお会いする方のなかには、話を聞いているうちに「すごい人」と驚くことがよくあります。つまり、最初の印象から感じるものと、経歴や才能、才覚といったものとがあまりにかけ離れているのです。

すごい経歴、十分な経験や意欲、知的な話し方や考え方、ポジション、担っている仕事などをお話を聞いて、何度感心したことでしょう。しかし、裏を返せば、それは話を聞かなければわからなかったことだということです。

コンサルティングで悩みを吐露する方は、「上司から『なにかが足りない』と指摘された」「商談で手応えがない」「ご紹介では実績があるが、初見の方との商談では成約率が低い」という類のことをよく言われます。それは、**その人の「すごいところ」がまったく伝わらないスタイルになってしまっている**からではないでしょうか。

そういう悩みを持つ方は、「真面目」で「信頼感」を感じるスタイルを選ぼうとします。高い職業意識のなせるわざです。ただし、どこかですこし間違っているために、冒頭で申したように「地味」な印象になり、「なにか光るものがある」「頼りになりそうだ」と人に期待させにくいのです。

「服装」はその人が誰であるかを語る、メッセージ性の強い要素です。「飾り気がない」という言葉はいい意味でよく使われますが、ひかえめな色使いでシックに装おうとするときには、この「飾り気」をどこでどう演出するかで、その人の存在感が変わってきます。「成熟感」をどう出すか。あなたが「凛とした存在感」を持とうとするキャリア女性なら、そこにこそ気をつかい、常にしたたかに計算すべきなのです。

POINT

✕ 若いときからアクセサリーの使い方に変化がない

○ 肌の輝きに合わせて、アクセサリーの輝きを選ぶ

「カジュアル化」と「エグゼクティブ・プレゼンス」

最近では、カジュアルを基準スタイルにする個人・企業も増えました。ただ、一定の責任を負う立場の人が安易にカジュアルを身につけるべきではありません。

米国には「エグゼクティブ・カジュアル」と呼ばれる暗黙のドレスコードがあり、役職者や管理者は格が上とわかる、質がよく「きちんと感」の強いカジュアルが当然とされています。

GAFAの一角、フェイスブック創始者のザッカーバーグ氏は、公式な場でも以前は無邪気なＴシャツ姿でしたが、現在では、ビジネスフォーマルに変わりました。同社の社会的責任や影響力の大きさをふまえ、「服装一つでどう評価されるか」を意識し、責任者らしく振る舞い始めたと言えます。

国際的に活躍する某教授は、「ちょっと前まではスーツなどのきちんとした格好は硬直した旧ビジネスのシンボルであり、そのアンチテーゼとしてカジュアルが支持された。今では逆に『どこでもカジュアル』に嫌気がさしている知識人も多い。今後はきちんとした格好が戻ってくるのでは」との見解を示していました。

今後の動向はさておき、どこでもカジュアルの自己流スタイルしか選べないのは問題があります。服装は仕事では臨む姿勢、人に会う場面では相手への敬意の度合い、そしてなによりその人自身の「資質」が表れます。ふさわしいスタイルをきちんと選ぶことが、エグゼクティブ・プレゼンスにはとくに大事なのです。

CHAPTER 4

「ブレない言動」で信頼を勝ち取る

RULE 27

抜擢・昇進には即座に「はい」と答える

近年、すばらしい活躍を見せる女性を要職に抜擢するケースもますます増えています。一方で、昇進したくないという女性も多いと言います。もし、あなたが明日、昇進や抜擢の内示を受けたら、どのように振る舞いますか？「ありがとうございます」と即答するでしょうか？　それとも「どうして私が？」ととまどうでしょうか？

■「どうして私が？」という反応に落胆する人事

ある大企業で人事を統括する女性が話していたエピソードです。

昇進や抜擢の内示をしたときに、男性は「がんばります！」と笑顔で喜ぶことが多いそうです。なかには「ほっとしました」と本音を漏らす人もいると言います。

一方の**女性は、とまどった表情を見せながら、「どうして、私なんでしょうか？」**

と質問してくる人が多いそうです。

内示した側からすると、こうした反応を見ると落胆するものです。実績もポテンシャルも十分だと認めて打診しているのですから、ネガティブな反応にがっかりするのも無理のないことでしょう。**結局、昇進が見送りになるケースもある**そうです。

その人事を統括する女性は、「こんな言い方をしたくありませんが、『やっぱり女性は……』と思ってしまいますね」と、女性幹部育成の難しさを嘆いていました。

もちろん、女性が躊躇《ちゅうちょ》する気持ちを理解していないわけではありません。昇進や抜擢にはいろいろな困難も伴います。責任が重くなることや、仕事量がさらに増えることを考えると、不安になる気持ちは少なからずあるでしょう。さらに、ライフステージによって、育児や家事などプライベートへの影響が気になる人も多いでしょう。

■自分の「価値観」を理解しておく

そもそも、**即座に返事することと、断ることのどちらがいいかに正解などありません**。正解は、その人の人生観や価値観によって決まるものだからです。

本当に自信もないし、昇進や抜擢などもまったく望んでいないのであれば、それを相手に伝えて辞退すればいいでしょう。そのほうが自分の考え方や価値観を、周囲の人によりよくわかってもらえます。それが幸せにつながる人もいるでしょう。

ただし、ほかの人が抜擢されるかもしれませんし、チャンスにはもう声がかからなくなるかもしれません。その場合、どのような未来が待っているか、自分がどう感じるかも、想像しておいたほうがいいでしょう。

もし、「認めてほしい」「もっと活躍したい」「次のステージに進みたい」という気持ちがあるなら、瞬間的な動揺や不安が態度に出てしまっては、存在感を損ないます。

「あなたに◯◯を任せようと思う」と言われて、「ありがとうございます」と余裕の**微笑みで即答できる人からは、自信や覚悟が備わったプロフェッショナル感が伝わります。**「任せてみよう」と思った人も、安心と期待を覚えるでしょう。

■積極性を示したうえで「不安」を打ち明ける手も

即答したとしても、不安に思うこともあるでしょう。

そのときは、即答したあとで、「とっさのことなのでとまどいも少なからずあります。いろいろとお話を聞かせていただければありがたいのですが」という言い方でフォローをする手があります。

なお、即答して積極的な姿勢を見せるのは、上司と部下の関係だけではなく、対顧客、対クライアントでも有効です。とっさに用意していないことを打診されて、「それは無理です」と断るより、「検討のチャンスを与えてくださって、ありがとうございます。あまり例のないことでもありますので、くわしくご相談できればありがたいのですが」と前向きな姿勢を見せたほうが、相手と協調関係を結びやすいのです。

どのようなキャリアを望むのかは、人それぞれです。自分に昇進や抜擢のチャンスが回ってきたときに、どのように振る舞うかを考えておきましょう。チャンスを提示され、「ありがとうございます」と自然に微笑む余裕のある姿は、あなたのプレゼンスを上げるのに一役買うでしょう。そのプレゼンスが次のステージに進むあなたを後押しするはずです。

POINT

× 突然の辞令に、とまどいを見せて失望させる

○ 突然の辞令にも、余裕で応答して安心させる

RULE 28

部下は引っ張らなくてもいい

あなたは「上司（リーダー）」というポジションにどんなイメージを持っていますか？「上司としてこうあるべきなのに足りない」「自分はリーダーらしくない」と、すこし自信をなくしている人がいます。

そもそも、その「上司（リーダー）らしさ」とは、どのようなものでしょうか？それは、本当に「なければならないもの」でしょうか？

■引っ張らなくても、相手が動けばいい

「部下を従わせたいが、私はぐいぐい人を引っ張るタイプではないので、どうしたらいいか？」に課題意識を持っている女性管理職は少なくありません。

話を聞くと、「上司（リーダー）は、部下をぐいぐい力強く引っ張る存在でなけれ

ばならない」という思いこみがあるように感じます。そのような人は、「もっと言葉や態度を毅然とするべき」とか「厳しさや怖さも身につけるべき」と考え、「私にはなかなかできない」と自信を持てないことが多いのです。

もしいつの間にかそう考えているようなら、違う見方をしましょう。

もちろん、毅然とした態度がとれることは必要です。しかし、「目指すべき理想の方向はどこか、どうすればたどり着くことができるか」というビジョンが見えている人は、必要なときにはおのずと毅然とします。ビジョンも持たず、いたずらに言葉や態度を厳しくしたり、怖い上司であろうと表面的にイメージをつくろうとしたりしても、意味がありません。

つまり、**ビジョンがあるからこそ、そのためにとるべき行動などを具体的に考えられ、結果として、現場での意思決定や判断も速くなります。**

リーダークラスには、「集団を統率して、行動を一定方向に導く役割」のなかの「統率」という役割は早くから意識して、「ぐいぐい引っ張る」ための方法を模索する人は多いのですが、「一定方向に導く」という役割のために「引っ張る」以外の手段にバリエーションを持つことをあまり考えない人もまた多いようです。

まずビジョンをしっかり持って、部下を「引っ張る」よりも「動かす」ことにフォーカスすることです。極論を言えば、従わせなくても、示す方向を向いてもらい、本来の目標達成に役立つ行動をさせればいいわけです。

■「理想的なリーダー」を理解しなおす

ドラッカーは「リーダーシップとは、組織の使命を考え抜き、それを目に見える形で明確に確立することである」と言っています。

つまり、目的地を示し、「なんのために行こうとしているか」「自分たちの行動にどんな意義があるか」「なにをどこまでやれば成功か」を伝え、「そのためになにをしてほしいか」を理解してもらい、チームで目標や方向性について共感することが大切ということです。

そのためには、対話が欠かせません。その点、対話を大事にして、チームの部下一人ひとりに向き合うように、無意識的に行動できている女性リーダーは多い気がします。これを意識的にすればいいのです。

「ダメなリーダーなのに、下に助けてもらえて」などと鷹揚に笑っている人にかぎって、すごい仕事をしていたりします。そんな方は「ぐいぐい引っ張るタイプ」よりもむしろ、理想的なリーダータイプと言えます。

私もこれまで、多くのチームを見てきましたが、目指す方向性を共有しているチームはぐいぐい前に進む勢いがありました。引っ張らなくても、勢いは出るのです。理想的なリーダーのもとでは、部下は自然にチーム全体の方向性やリーダーの判断に視線を合わせるようになります。

リーダーとして自分のチームや組織を動かすのはとてもたいへんなことだと思います。しかし、「部下を従わせる」だけが方法ではありません。人を従わせることは単なる方法の一つで、最終の目標ではないのです。それよりも真に理想的なリーダーを目指しましょう。

POINT

× 厳しさや怖さで、部下を従わせようとする

○ ビジョンを持って、部下と対話し、動かす

RULE 29

人の評価は3＋3で

人にはそれぞれが持つ価値観や思考のクセがあります。それによって、行動も変わります。たとえば、あなたは、人のよいところをほめて伸ばすタイプでしょうか、それとも人の悪いところ（改善点）を指摘して伸ばすタイプでしょうか？

■「ほめて伸ばす」が正解か

人のよいところをほめて伸ばすのと、人の悪いところを指摘して伸ばすのと、どちらがよいのでしょうか？

リーダー研修などで質問をすると、若手リーダー層でもベテラン層でも、「やはり、ほめて伸ばすほうがよいから、改善点の注意はあまりしないほうがよいのではないか」という「よいところをほめるのが正解」という意見が最初に出てきます。人の育成指導での「ほめる」ことの効用は、最近よく知られてきました。そうしようと心がけている人も多いでしょう。

そのあとで、「いや、だからと言って改善すべき点を無視できない。上司だからこそ、気づかせなくてはいけない」といった意見や、「部下にとってよいことであれば厳しいことも言わなければ」など意見が出てきます。

つまりは、**ほめて伸ばすことも、改善点を指摘することも、どちらも必要であり、問題は「バランス」**です。自身が注目する部分が偏っていて、その偏りに自分で気づかない状態では、どうしても視界がせまくなってしまいます。視野がせまい状態では、物事を客観的に見ることができず、本質を見逃してしまいます。

「物事の両面を見る」ことは上に立つ人には大事な能力なのです。

■日ごろから「目」を鍛えてバランスをとる

ただ、「よいところをほめる」のと「悪いところを指摘する」のとでは、それを受ける相手の心証が違います。もちろんほめられればうれしく、改善点を指摘されれば多少はつらい気持ちになるものです。

まず、悪いところを指摘する人は、注意が必要です。「改善すべきところ」に目がいってしまうために、そのマイナス点を強調したり、改善を指示したりするような、きつい口調になってしまいがちです。

自分の行動に、そうした傾向があるのであれば、相手は不満や反発を覚えている可能性が高いでしょう。

逆に、「できるだけほめたほうがいい」と、相手の長所にフォーカスする一方という人も要注意です。

「根拠のない礼賛」になると、相手は冷めてしまいます。成長意欲の高い人ほど、「自分が不足しているもの」には強い関心と欲求があります。その欲求に応えず、ただ持ち上げるだけでは、上司としてだけでなくビジネスパーソンとしての才量が疑われてしまいます。

実際に部下から「ほめてもらうのは励ましを感じるけど、無理している感じがして逆に困る」と言われてしまったケースもあります。

■「よいところ」と「改善点」をそれぞれ三つ見つける

こうして見ると、指導側は苦労が多いものです。しかし先ほど言ったように、ほめることも批判することも、どちらも必要なことです。「ほめること、改善点を指摘すること」をどちらも見つけられるようにすることが求められます。

そのため、**上に立つ人の日ごろのトレーニングとして、ほめることと、改善点を三つずつ見つけることがおすすめ**です。

以前、「上司として足りないところを鍛えたい」と言う、大企業の部長クラスのクライアントが見えたときのことです。その方と話すうちに、部下の改善点ばかりが目についてしまう「偏り」があって、その人の視野をせまくしていたことがわかりました。

そこで、人のよいところを三つ、改善点を三つ見つけるように意識して行動するように伝えました。**意識するだけではなく、メモする**ようにおすすめしたのです。

三か月経ったあと、その方は自分の視野の広がりに驚いていました。これまで気づかなかった部下のよさに目がいくようになったと言います。改善してほしいところも部下にうまくフィードバックできるようになり、部下との関係性もよいものになってきたそうです。

それ以外にも、いろいろなことで「物事の両面を見る」クセがついてきて、それが仕事の判断をするうえでもプラスに働くことを実感したとうれしそうに報告してくれました。

どんなことでも、どんな人でも、常に物事の両面を見る目は大切です。とくに、人の上に立ち、指導や助言を与える人は、その目をできるだけ鍛える必要があります。そうしたバランス感覚は、急ごしらえできるものでなく、日々研鑽すべきものです。それには人の評価をするとき、常に「３＋３」ですばやく見ること、これがいちばん簡単な方法です。またそれを言語化できるようにしましょう。

これをやれば、ほめることばかりの傾向の人も批判ばかりの傾向の人も、自分があまりフォーカスしてこなかった側面から三つ以上も探すことに意識が向きます。

この意識を持てば、自分の物事の見方の「偏り」に気づくようになるのです。

偏りのないニュートラル（中立的）な見方ができるようになることが目的ですか

ら、これが1＋3とか3＋2では意味がありません。無理をしてでも必ず3＋3と同じ数にすることです。そうすれば、今まで見えなかったものにも目が向くようになります。

POINT

✕ 物事の見方に「偏り」があり、度量を小さく見せてしまう

◯ 「物事の両面を見る目」を持ち、ニュートラルに判断する

RULE 30

「メリット・デメリット・リスク」で判断する

クライアントから「**自分の判断力に自信が持てない**」と言われることがあります。ビジネスパーソンにとって、「判断力」はなにより大事な能力です。あなたは、ご自分の判断力をどう思いますか？　なにを基準にして判断しますか？

■判断力をつけるためには「判断基準」を明確にすること

「判断力」とは、それはどのような力でしょうか。これを聞くと、ほとんどの方は「常に適切な判断ができる能力」と答えます。

適切な判断を導くためには、「判断基準」が必要です。自分の明確な判断基準がないから、自分の判断に確信が持てずに他者の意見に左右されたり、結論を変えたりしてしまうのです。また論理性が弱かったり、整合性がなかったりするため、判断に一貫性が感じられないことがよくあります。これでは、部下を始めとする関係者の信頼も得られず、ビジネスでは不利になります。

自分の思考に論理性がなければ、たとえ判断が間違ったものだったときに検証できず、次も同じ間違いを繰り返すかもしれません。

「判断基準」とは、判断の際に、自分のなかで標準的に用いるフィルターです。物事をふるいにかけて、自分でゆずれないポイントを通過するかどうかで決めるということです。**凛とした女性の多くは、いつも明確な判断基準にもとづいて、物事を判断し、意思決定することをルーティンにしています。**

さて、あなたには判断基準があるでしょうか？

たとえば、「判断をするときに、なにから考えますか？」と私がクライアントに聞くと、そのあとの反応は二つのタイプに分かれます。

一つめは、「まず、○○から考えます、そして……」とプロセスを説明してくれるタイプ。もう一つは、「それは問題によって違いますので……」と言いながら、「どうだろう、なんですかねえ」と考えこんで言葉が出てこないタイプです。

二つのタイプを比較すると、「エグゼクティブ・プレゼンス」を比較的すぐに磨きやすいのは前者です。**判断の明確さは、見た目や態度、そして話し方にも影響します。**

■「メリット」「デメリット」「リスク」を考える

判断基準を明確にするためには、少なくとも三つの情報を集めて比較することをおすすめします。その三つとは「メリット」「デメリット」「リスク」です。

まず、**なにかを実行して「よいこと」があるなら、それが「メリット」**です。

洋服を買うなら、「自分がより素敵に見える」「今度の○○に着ていける」などがメリットです。そもそもメリットがなければ検討する価値はないでしょう。ビジネスで「メリット」というと、金銭的な利益を中心とする定量的成果だけにとらわれがちな人が多いのですが、「影響」や「波及効果」など、数字で表しにくいものも含まれます。

「デメリット」は、実行した結果、新たに生まれるマイナス点です。

洋服の例ですと、まず洋服代でお金が減るのはデメリットです。「収納場所がせまくなる」「クリーニング負担が増える」もあるかもしれません。

ビジネスなら直接的・間接的コスト、自分のスタッフや他部署にかける負担、などがデメリットになります。これも当然「影響」や「波及効果」などの数字で表しにくいものも考慮する必要があります。

ここでも、メリット・デメリットの両面をよく見る視点が必要です。両方を徹底的に比較し、どちらが勝るかを考えれば、結論もおのずと出やすくなります。おすすめは、**メリットとデメリットをそれぞれ書き出して徹底的に比較する**ことです。頭のなかだけで考えるよりも、言語化、明文化するほうが効果的です。

もう一つ大事なことは「リスク」を具体的に想像することです。物事を予測する際には、どうなるかわからないという「不確実性」があります。これがリスクです。この場合の、**リスクとは、実行したことがうまくいかなかった場合の「損失」のこと**です。「最悪、なにをどのぐらい失うか」と考えるとわかりやすいかもしれません。

洋服の例なら、似合うからどうしても欲しい、しかし高いので所持金がかなり減る、という場合は、考えられるリスクは、所持金がそれだけ減ったら、どんな損失があるだろう、ということです。たとえば、予定していた○○の料金が払えなくなるかも、と想像できます。でも、計算してほかを節約すればカバーできるなら、そのリスクはたいしたことはありません。では、買ってしまおう、という判断になりそうですね。

このリスクが大きければ、デメリットにカウントされる、あるいは、自分では責任がとりきれないと「判断」し、ほかの人の判断を仰ぐことになります。しかし、自分で対応できるレベルで済みそうなら、メリットを追求する意味はより鮮明になります。

判断力に自信がないという人は、このメリットやデメリット、リスクを整理しないまま、「どうしましょう」と検討している場合があります。「どう判断すべきかが、よくわからない」「なにから考えるべきか迷う」となっている状態です。

メリットが明確であるからこそ、ビジネスならなにかを行う意義、そしてその目的や理想がはっきりとします。デメリットが明確であるからこそ、なにかを行う価値の大きさ小ささを判断できます。リスクをしっかり考えるからこそ、覚悟を持ち必要な準備を十分にできます。「じゃあ、こうしよう」と判断しやすくなります。

つまり、腹をくくりやすくなり、責任感を発揮しやすくなるのです。この覚悟が「エグゼクティブ・プレゼンス」を感じさせる、「度量の大きさ」につながります。

もちろん、理屈ですべてが正しく判断できるわけではなく、直感的な判断、第六感にものを言わせるやり方もあるでしょう。しかし、そういう人ほど最終的な「カン」の前に、合理的な判断材料の検討を必ず頭のなかでしているものです。

判断力が高い人は、プロジェクトなどの仕事のことだけにかぎらず、日常的な小さなことや家庭のことまで、すばやく両面を見て、あとは自分で結果をカバーできるかですばやく判断する思考パターンがあります。

私自身、仕事にかぎらず、なにかの決断をするとき、この方法は常に役立ちます。

もちろん、想像には限界があるので、思わぬデメリットに遭遇することもあったのですが、思考のフォーマットとして持っておいてよかったと思います。あなたがまだ自分の判断基準がつくれていないのなら、いちど試してみてください。

POINT

✕ 「判断基準」がなく、判断に自信が持てない

◯ メリット・デメリット・リスクをふまえて判断する

RULE 31

「最優先すべきこと」をはずさない

英語では「ファースト・プライオリティ」という言葉があります。「ファースト・プライオリティ」は「最優先事項」のことで、「最優先すべき目的」「ゆずれないライン」を指します。大きな局面から日常的な場面まで「なにが最優先事項か」が理解できていれば、行動や結論が判断しやすくなります。

しかし、これが自分でわかっていない人は案外多いものです。

■目的と最優先事項を考えて行動する

たとえば、「部下を叱る」必要があるとします。だいたいの場合、人を叱る最終的な目的は「問題となるその部下の考え方や行動を、望ましい方向になるようにあらためてもらうこと」です。

しかし、実際の場面になると、いつの間にか、その部下に対する不愉快な気持ちを伝えることが、自分にとっての最優先事項にすりかわってしまうケースがあります。たとえば、部下に激しい言葉や嫌味な当てこすりをぶつけてしまい、感情的な反発やおびえを引き出すだけで終わるのです。

これでは一時的に自分の感情を解放して溜飲を下げたとしても、肝心の「考え方や行動を望ましいものにしてもらうという目的」を達成できず、問題は解決しないためにかえってストレスになります。

最終的な目的から俯瞰して、「最優先事項はなにか」を十分に認識できていたならば、最初から厳しい調子で始めるのか、それとも気軽な会話から始めて途中で注意する場面をはさむのか、といった選択をする余裕が生まれていたかもしれません。相手の出方を見て、柔軟に態度を変えることもできたでしょう。そうすれば、結果はまるで違っていたはずです。

つまり、「**最優先すべき目的**」**を達成するためにどうすればいいかという視点で、適切な手段を選ぶ**ことができます。

■「あなたが本当にしたいことは？」

クライアントからは「ブレない人でありたい」という言葉もよく聞きます。「ブレる」人は、一時的な感情に負けてしまったり、他人の意見に容易に左右されたりしやすいのです。その結果、目的と手段を混同してしまうことです。

ある大企業で事業部を統括するその人は、会議で議論が硬直化していることに危機感を覚え、もっと週一回の定例会議を、みんなが自由に発言できる場にして、立場に関係なく情報共有できるようにしたいと考えていました。ところが、実際にやってみると、うまくいかないと言います。お決まりの報告で終始してしまうので、とくに若手を中心に参加姿勢を変えたい、なにかいい方法はないか、と相談を受けました。

その会議の様子をくわしく聞くと、上の役職者と若手がちょうど体面するような席次で座り、まず事業部長である自分があいさつをします。「雰囲気を締めるために、すこし厳しめなことを言います」とのことです。そのあとは、各担当者からざっとその週の状況を説明したあとに質疑応答になるそうですが、みな座って聞いているだけで発言しない、と不満気です。

そこで私が「その会議でいちばん大切なのはなんですか？」と聞くと、「出席者の自由な発言です」と言います。「事業部長のあいさつやその席次は、その自由な発言を促しますか？」と聞くと、困った顔をして「いいえ」と言います。

「では、自由に発言できるような空気づくりとして、なにか工夫できることはありますか？」と聞くと、「席次をあらためて、立場の違う人が交わりやすいようにする」「軽いお菓子をつまむようなことをしてもいいかも」「若手自身に進行を考えさせたり、司会をさせたりする」とだんだんアイディアが出てきました。

自分が本当にしたいことにフォーカスできれば、「すべきこと」も発想しやすくなるのです。

「私は、自由なコミュニケーションの場をつくりたかったのに、先に『会議』をやることばかり考えていたのですね」とおっしゃっていました。

いつの間にか「大事なこと」を忘れ、目的がすりかわっていたために、うまくいかなかったのです。

このように、自分にとっての最優先事項と実際にとっている行動や態度との間にはギャップがあることが多いのです。逆にそのギャップをコントロールできる人は「**ブレずに、自分にとって必要な行動がとれる人**」になれます。

経営的な判断でも、交渉の場面でも、「最優先すべきことはなにか」という認識が、最適な行動や判断を促してくれます。といっても、難しく考えず、「本当にしたいことはなにか」「なにを大切にするべきか」と自分に問いかけてみましょう。それがわかるようになれば、自分にとってよい選択をすることが今よりもっと簡単になるはずです。

POINT

× 目先の行動ばかりに焦点を当ててしまう

◯ 目的から最優先事項を見極めて判断する

RULE 32

成功パターンを押しつけずに見守る

「上司だから部下より情報やノウハウを知っていなければ」と自分にプレッシャーをかけてしまっている人は少なくないようです。人より上のポジションになると、全部上でないとダメな気がしてしまうかもしれません。しかし、一歩引いて「教わる」のも上司の役目かもしれません。

■「やりにくい」のはこんな上司

「私は上司なのに、教わってばかりなの」。人からご紹介いただいた、ある企業の女性部長Cさんがそんな話をしていました。

「これは○○という部下がすごくおもしろい情報を持ってきて、そこからの発想で形にしたんです。社長賞ももらえたんですよ。ねー、○○さん」。そう言って、最後は

Cさんが部下の方に声をかけたのです。その方が、奥のほうでニコっと笑っているのを見て、チームの雰囲気のよさを感じました。

Cさんのように「上司なのに教わってばかり」「部下が教えてくれた」などと言える人もいれば、常に部下の前に立ち「いちばん情報を持っているのは自分」と示したがったり、「このやり方が正解」と自身の成功パターンを押しつけたりしてしまいがちな人もいます。

じつは押しつけられる人たちからは、「『自分が知っているこの方法はどうか』『自分のときはこうやったらうまく行った』と言ってくるばかりで、違う方法にしようとすると、途端に機嫌が悪くなるから本当にやりにくい」といった愚痴を、さまざまな人の口からよく聞きます。

こういった愚痴が多く出るということは、知らずに部下のモチベーションを下げて、仕事の成果を逃している上司も多そうです。あなたは大丈夫ですか？

■「見守れない」は三つの悪影響につながる

自分の成功パターンを押しつけず、部下が持ち込む情報ややり方で仕事を進めるのを見守ることができるか。これは実際難しいことでもあります。

最終的には上司が判断し、責任をとる役目を負う必要があります。それに部下を持ち上げてばかりでは、増長してチームの統制がとりにくくなる危険性もあります。それらをふまえて、的確なフィードバックで部下の成長を促すのは、言葉では簡単ですが実際にやろうとすると時間も手間もかかります。

また、上司であるということは、仕事で優れた結果を残してきていると周囲から認められてきたからです。残した結果だけ、経験や確信を積み重ねているはずですから、仕事の随所で、緻密さを発揮できたり、勘どころを押さえたり、といった実力もあります。自負もあります。部下の動きがムダの多い非効率な動きに見え、つい「そこはこうすればいいから」と口を出したくなることもあるでしょう。

ただ、口出しが行きすぎると、自分にもチームにもデメリットが発生するかもしれません。悪影響の可能性が三つあるのです。

その一つめは、自分の「成功パターン」が誰にとってもビジネスの成果を出させるような普遍的法則とはかぎらず、逆に**成果を上げにくくしてしまう**ことです。「うまくいった」ノウハウや仕事の進め方は、その人のキャラクター、実績、信頼などによって成功につながっただけで、誰もが再現できるわけではない「見せかけの法則」も多いのです。

二つめは、先回りして「ここはこう」と教えるような過保護パターンになってしまい、**部下の自主性や思考力を失う可能性がある**ことです。先回りしすぎず我慢すること、部下に考えさせて説明させる機会を意識的につくることは大切です。よく言われますが、ときには心を鬼にして、あえて失敗させるという姿勢もまた重要です。

三つめは、情報収集を行ったり新しい発想を組み立てたりするときに、「こうしておけば間違いないから」という態度や発言が障壁になり、「こんな情報があります」「こんなやり方はどうでしょう」と**提案しにくいムードをつくってしまう**ことです。

ただ、**絶対的な法則として押しつけるのではなく、あくまで情報の一つとして経験則を伝えるというスタンス**であれば、部下にとっても学びになるし、方法の一つとして頭のなかに蓄積できるでしょう。ただ、そのときにもこれだけはわかってください。それは、上司本人に押しつける気がなくても、部下が忖度してしまい、結果的に押しつけとなることは、どこでも非常によくあるということです。

■上司は百科事典でなくてもいい

さて、先にお話ししたCさんは、じつはその「押しつけ」をした経験のある人でした。もちろん、悪意などなく、いつの間にかそうなっていて、部下に悪影響を及ぼしていたのです。

そこでまず、言い方に気をつけるようにしました。上司である自分にはその気がなくとも、部下は「そうしなさい」という指示と受け取る場合は本当に多いのです。

そのことに気づいたCさんは、**なにかを伝える際には「参考になれば」など言い方を工夫し、表情や声にさりげなさや柔らかさを出すように配慮する**ようになったそうです。

しかし、Cさんは結局は自身の気負いが悪影響の原因だったと自己分析します。あるとき、自分のやり方とは全然違うやり方で仕事をやり遂げた部下を見て、自分には、「上司として常に『正解』を示すべき、なんでも知る百科事典であるべきだ」という思いこみがあったことに気づいたそうです。

上司が正解を持っているとはかぎりません。とくに情報の多様性、時流やトレンドの流れの速さ、最前線の現場での感覚はむしろ部下が勝る場合が多いのです。

Cさんも、「教えてもらおう」とラクに考えるようになってから、うまく回るようになったそうです。

上司の価値は、百科事典のような役割ではないでしょう。ノウハウや経験だけがすべてではありません。それよりも部下に対して的確なフィードバックをしようとする意識や、部下ではできない判断をするのに必要な覚悟、そして部下を引き立ててやる気にさせるような態度や接し方が大事なのです。

POINT
× 自分のやり方を押しつけ、口出ししすぎてしまう
○ 他人のやり方を尊重し、ときに教わる

RULE 33

「年齢」ではなく「ステージ」で考える

会ってすぐに年齢を聞くのは、礼節を重んじる人から見て失礼なことですが、それでも平気で聞いてくる人は少なくありません。日本人は年齢を気にする傾向が強いようです。どうしてそんなに意識するのか、と思う一方で、「わかる」と思う気持ちもあります。女性には年齢とライフステージがより密接に関わっているからです。

■ なぜ、年齢を気にしてしまうのか?

「私は今○○歳なので、○○したい」「来年○○(歳)代になるので、○○の力を身につけたい」と課題や目標を掲げるクライアントは少なくありません。男性でも「私は○○歳なので」と言う方はいますが、女性のほうが断然多く思えます。

女性の生き方に関して行われたある意識調査では、女性が最も不安を感じる年齢の節目は29歳から30歳になるときであり、その原因として出産、そしてその前提である結婚のプレッシャーがあるのではないかと説明されていました。とくに、出産は年齢によってリスクの高さも違います。そのような女性特有のライフステージに備えて、「○歳までに○○しなければ」と考えるのは自然なことかもしれません。

ですから、キャリアを考えるときに年齢がある程度気になるのは無理もないことかもしれません。それでも私は、**年齢を気にすることに意味はないと考えています。なぜなら、理由のない「横並び感覚」に過ぎないから**です。

■年齢以外に自分のステージは見えているか

私がこれまでお会いした「**成功した女性**」「**活躍している女性**」は、「**年齢**」**に関する話はほとんどしません。**自分が何歳かも言わないし、他人にも聞きません。堂々と自由で、挑戦を恐れません。

私が会社員のころに出会ったDさんもそうでした。彼女は、各国でひっぱりだこのトレーナーで、成熟した強い存在感の持ち主で、私はすぐに魅了されました。

「私が何歳くらいになったらこんなふうになれるのだろう？」と思った私は、なにも考えずに、「失礼ですが、おいくつですか?」と聞く愚行をおかしてしまいました。

そのときにDさんに、「人に年齢を聞くなんて愚かなことよ。年齢で、あなたのキャリアを考えるのはよしなさい」とたしなめられたのです。

以来、年齢を基準に物事を考えるのをあらためました。すると、自分で限界を設定していることに気づき、どうなりたいかを自問し、その実現のために挑戦することを恐れなくなったのです。

■年齢の縛りからしなやかに抜け出す

多くの方が、「私は○○歳だから焦ってしまって」と周囲と比較したり、「○○代だから、○○には挑戦しづらい」と自分に制限をかけてみたり、「私ももう○○歳なのに」と自嘲したりします。

そうした方に、「どうしてそんなふうに思いますか?」と聞くと、「え」と驚き、「だって……、そう思うのがふつうというか」と言葉を濁します。自分自身が、どうして「年齢という基準」に合わせなければいけないか、についての答えがありません。

これが、「理由のない『横並び感覚』による縛り」です。

年齢にせよ、なんにせよ、無意識のうちに縛られているという状態は不自由なものです。少なくともあなたは、ご自身の存在感を際立たせるためにこの本を読んでいるはずです。「横並び」は望んでいないはずです。

「○○歳までに○○」と思う方は、いちどその年齢の理由をよく考えてみてください。そこをじっくりと考えると、違う自分のステージが見えてくるかもしれません。

今は年齢に縛られずに、自分の行動を決めている自由さがある人でも、じつは以前は無意識の縛りはあったのではないかと思います。どこかでその縛りに気づき、自分の考え方や価値観を見直したプロセスがあったのではないでしょうか。

年齢について一切忘れるべき、ということではありません。ただ先に考えるべきは年齢ではなく、あなたが望むステージであり、今そのために必要なステップのどこにいるかです。少なくとも、今までお会いした「成功した女性」「活躍している女性」は、その縛りからしなやかに抜け出た人であることは間違いありません。

POINT

× 「○歳までに、○○」と年齢だけを基準に考えて焦る

○ 「こうなりたい、だから」とステージを基準に考える

CHAPTER

5

「安心」で人を動かすコミュニケーション

RULE 34

「声のトーン」をコントロールする

私のクライアントで、「話し方」に関する課題を挙げる人は8割を占めます。性別に関係なく、キャリアアップするにつれて、人前で話す機会や、人になにかを説明する機会が増えるからです。「話し方」にはいろいろな要素がありますが、女性にとくに注目してほしいのは「声のトーン」、つまり、「声の高低やスピード」です。

■「声」が変われば「評価」が変わる

ある外資系日用品メーカーに勤めるSさんが、コンサルティングにやってきました。上司から「あなたにはエグゼクティブ・プレゼンスが必要だ」と指摘され、話し方のトレーニングを受けることにしたと言います。

Sさんは、「**感情に走ってしまうことが多く、相手を説得しきれない**」ことを自身の課題として挙げました。

私が聞いていると、最初は、あまりそう感じませんでした。結論を先に、理路整然と話します。もちろん、背景からダラダラ話すこともありません。

上司が気になったのはどこだろうかと考えながら何分か話していると、話の内容よりも、すこし甲高い声で早口で話すところが気になりました。**感情に走っているわけではないけれども、そう聞こえさせてしまっている可能性**に気づいたのです。

そこで、「あごを引いて、声を低めに出してください」「話すスピードをすこし落としましょう」「抑揚をもうすこし抑えましょう」というアドバイスをしました。

後日、Sさんから、上司から「落ち着きが出た」というフィードバックを引き出せたために、「声だけで、こんなに評価が変わるなんて」と驚いていました。

■「女性は感情でモノを言う」は本当か?

「女性は感情でモノを言う」とまことしやかに語られることに対して、私は懐疑的です。男性でも感情に走りやすい人もいれば、論理的に説明することが苦手な人もいます。Sさんにかぎらず、自身で「感情的だ」と言う女性と話していても、理路整然と話すことは少なくありません。もちろん、なかには感情が出すぎると感じる人や、結論が見えにくい話をする人もいますが……。

感情的だと自己評価する女性が多いのを見ると、その理由は「女性は感情的」という世間の偏見による思いこみにもあるように感じます。

一方で、**感情的に聞こえてしまう話し方はしないほうがいい**のもたしかです。

一般的に、**女性は、声の高低やスピードで、相手に感情的な人だという印象を抱かせやすい側面があります**。私の体験でも、声が高くなったり裏返ったりしやすい、感情がすぐに高ぶる、動揺が表情や態度に出やすい、といった女性は少なくありません。こうした声の高低やスピードが、「感情的だ」という印象を与えるのです。

■「声のトーン」が変われば「影響力」が変わる

声のトーンは、印象に強い影響を与える要素の一つです。

男性エグゼクティブについての調査ですが、二〇一三年にカリフォルニア大学の研究室が「エグゼクティブ層」の七〇〇人を調査し、その声と成功度の相関関係について発表したことがあります。

その調査によると、声が低い人のほうが年収は高い傾向にあり、その差は平均で一九〇〇万円ほどだったそうです。

理由はまだ解明に至っていないそうですが、成功する人は、コミュニケーションに長け、交渉や説明などでも説得力や影響力が行使できていると想像するとわかるような気がします。なぜなら、**低い声のほうが人の意識に入りこみやすい**からです。

催眠術をかけるときの催眠術師の声をイメージしてみてください。

そのときに甲高い声で早いスピードで暗示をかける人はいないでしょう。ゆっくりと、意識に染み入るように話すことで、相手の意識をコントロールしているのです。

それと同じように考えれば、人に自分の意見を言ったり、人を説得しようとしたりしているときに、甲高く早口の話し方は、効果的ではないことが理解できます。

よく言われる「見た目が9割」という説の裏づけとして、「メラビアンの法則」が有名ですが、この法則は「見た目」のことだけを言っているのではありません。メラビアンが調査結果としたのは、人の印象を決めるときの人間の視覚情報による影響は55%、それに次いで口調や話すスピードなどの聴覚情報は38%、言葉の意味そのものは7％でした。
つまり、相手に届ける言語情報よりも、表情や態度などの見た目が大事であり、くわえて声のトーンや言い方などの「聞こえ方」を含めた、「言葉以外の要素（非言語要素）」のほうが人間の感情や理解に大きく影響するということです。

影響はあらゆる場面で考えられます。初対面で言葉を交わすときなど「第一印象」が大事なときにも声はすこし低めのほうが受け入られやすいです。声には無頓着にならず、どんな声がいいかを意識しましょう。商談で軽い会話をしているときや、相手へ大事な説明をする場面に入るとき、部下に対してなにかを言い聞かせるときにも「声のトーン」は相手の心理状態を左右する可能性を忘れないでください。

POINT
× 甲高い声で、早口で話して、感情的に見えてしまう
○ 低い声で、ゆっくり話して、「落ち着き」を演出する

RULE 35 言葉づかいは「丁寧」が基本

職位や立場が上がると、言葉づかいが横柄になる人がいます。これはなにも男性にかぎったことではありません。女性でも言葉づかいで「プレゼンス」を損なってしまっている人もいます。

■横柄な言葉づかいになっていませんか？

ある異業種交流会で、ある大企業の男性と名刺交換した際に、私の仕事の話をすると、「うちの女性管理職にも研修してくださいよ」と言われました。どんな研修をしてほしいのかを聞くと、「ふつうの言葉づかい」を教えてほしいのだと言うのです。

その人が勤める会社の女性管理職のなかには、「〇〇持って来てちょうだい」と横柄に聞こえる言い方や、「ちゃんとしなさいよ、ダメねぇ」などと小馬鹿にした言い方をする人がいるとのことでした。

たしかに**地位が上がるにつれて横柄になる人は、性別に関係なく一定数いる**ようです。私の知人や友人の話を聞いていても、経営者や地位の高い人の言葉づかいの横柄さを指摘する声は少なくありません。

横柄になってしまう理由とパターンは三種類あります。

一種類めは、**自分が偉いと勘違いしてしまうパターン**です。スタンフォード大学のサットン教授は人間心理として「人は権限を持つと相手のニーズや言動に関心を払わなくなる」傾向を持つと説きました。

これを思わせるケースは簡単に思い当たりませんか？

自分が偉いと勘違いし、いつも命令口調で、ありがとうも言わない。「ね、ちょっとこれやっといて」とか「さっさとやりなさいよ」といった横柄な言葉づかいや態度が当たり前になってしまうケースがあります。これは、上に立つ人であれば、男女関係なく、とくに注意すべきことです。

二種類めは、**居丈高に振る舞えば、自分が上の人間だと周囲に理解させることがで**

きるという勘違いしているパターンです。

「○○しなさい」といった命令口調、「○○でしょう！」というきつい語調、「○○もわからないの？」という冷たい口調、と言い方はさまざまですが、聞く相手にとっては失礼に感じたり、威圧されているように感じたりする言葉づかいの多い人は、内心で自分を認めさせたいと強い態度をとる傾向が強いのです。

三種類めは、**逆に「気さくな雰囲気」を出そうとして、それがかえって押しつけがましい言動になっているのに気づかないパターン**です。

部下を「山田ちゃん」と「ちゃんづけ」して距離感を無理やり縮めようとしたり、「は？　それこの前も言ったじゃん」と無遠慮な言い方になったりすると、相手や聞いている周囲は「横柄さ」を感じることもあるのですが、そこに気づきにくいのです。

■丁寧な口調を心がけるぐらいでちょうどいい

横柄になってしまうのは、自分自身のポジションが上がり、役割が重要になり、権限が拡大していく過程で誰でも起こりやすいことです。社会的な経験や実績、年齢を重ねていくにつれ、誰もがそういった謙虚さを忘れそうになります。だからこそ、**人への丁寧さを保てる人が本当に尊敬され慕われる**のです。

これに性別は関係ありません。ただ、女性は「女性らしい柔らかさ、上品さ」という期待を持たれがちな存在であることは事実です。

私自身は、話し方については、その期待に応えてあげるくらいの度量があったほうがいいと考えています。あなたが上に立つ人なら、言葉づかいは「○○してください」「ありがとう」「○○には気をつけてくださいね」と、丁寧な口調を心がけるくらいでちょうどいいと思ってください。

そんな丁寧な言葉づかいの会話のなかに、親しみを感じるくだけた言葉づかいがあるなら、それは問題にならないのではないでしょうか。しっかりと丁寧で美しい言葉づかいを武器にするくらいのつもりで、一歩引く謙虚さがあるほうが風格はありますす。そして人望も集めやすいはずです。

POINT

× 偉そうな言葉づかいで、横柄に見える

○ 謙虚さを忘れず丁寧な言葉づかいを心がける

RULE 36

「ありがとう」で終わらせない

あなたは「ありがとう」と感謝を周囲に伝えているでしょうか？

女性の場合は、男性と比べると、お礼を言うことに抵抗がある人は少ないかと思います。そのときに、「ありがとう」で終わらせずに「プラスの言葉」をくわえると、部下や関係者に気持ちよく動いてもらうことにつながります。

感謝の表現は、「エグゼクティブ・プレゼンス」にとっても欠かせないものです。

■ 成果をわかりやすく伝える「プラスの言葉」

「マルヤマ、ありがとう。君が昨日、顧客に説明をしたときに○○について適切なタイミングで言及してくれたおかげで、案件に強い興味が湧いたようだったよ」

外資系の会社に入ったときに、外国人上司からこんなコメントをもらいました。

「ありがとう、よくやった」だけではなく、自分がどんな貢献ができたかを行動ベースで具体的に説明してくれたのです。

細かいところまできちんと見てくれていることがうれしかったですし、自然に「商談に情報を入れるタイミングを工夫しよう」と思いました。

「商談に情報を入れるタイミングを工夫しなさい」と直接的に言うよりは、ずっと効果的な指導方法でしょう。次への意欲も湧いてきます。私は「こんな言い方があるんだ」と素直に感心しました。

海外では、こうした適切な「フィードバック」を上司の義務として明文化している会社もあります。近年、日本でも「フィードバック」に対する意識は高まってきていますが、実践するのは難しいという声もよく聞きます。

この**フィードバックは、管理職の方々、とくに「エグゼクティブ・プレゼンス」を身につけたい方にには、ぜひ習得してほしいスキル**です。

■「ありがとうは」の一言そのものが「フィードバック」

人のモチベーションはどのようなときに上がるのか。

かのドラッカーは著書のなかで「働きがいを与えるには、仕事そのものに責任を持たせなければならない」と言っています。そのために不可欠なのが、「生産的な仕事」「フィードバック情報」「継続学習」の三つだそうです。この二つめの「フィードバック情報」は「成果についてのフィードバック情報を与えることである」と解説しています。

こういうとフィードバックは難しいものだと感じるかもしれませんが、そんなことはありません。**感謝の「ありがとう」という一言そのものが、立派なフィードバック**だからです。

もちろん、フィードバックをするときは、相手をほめるときばかりでありません。「ここの説明が足りない」「肝心なポイントがもっと伝わりやすいように、資料をこうして」などと改善点を指摘する場面もあります。

しかし、まずは**部下が与えられた責任のなかで役割を果たしてくれたことはなんでも「ありがとう」の対象**なのです。指示に沿って動いてくれたこと、自主的に必要な判断や行動などは、「部下なら当たり前」「仕事だから当たり前」と思わず、「ありがとう」の一言を伝えることは、部下にとっては「働きが認められた」という成果を伝えることになります。

相手を見て、にこやかにそれを伝えることが日常的にできていれば、注意やお説教など部下にとってネガティブな情報があるときも、相手は受け入れやすくなるのです。なぜなら、自分の成果を評価し続けてもらっている信頼感が土台にあるからです。

「ありがとう」だけで終わらせずにプラスの一言を工夫する感覚は、部下指導だけでなく日常の人間関係でもあなたの「存在」を光らせます。フィードバックは、すぐに思うようにうまくはできませんし、そうそう毎日うまくできることでもありません。しかし、努力していれば人についての気づきが多くなり、言葉もさらに豊かになります。ぜひフィードバックのスキルを磨いてみてください。

POINT

× 「ありがとう」がフィードバックだと気づいていない

○ 「ありがとう」に具体的なフィードバックをプラスする

RULE 37

叱るときは「状況・行動・能力」を意識する

「叱る」ときこそ、人間としての器が出るものです。

叱られた相手は、自分の一部を「否定」されたと感じます。「否定」は、もともと悪感情を刺激しやすいものですが、相手にとって「痛い」部分であれば、さらに強い反発や怨恨の感情を引き起こすことがあります。思いがけない人間関係の失敗につながる可能性が高いのです。

■人が面目を失い、傷つく部分を知っておく

さて、ここで質問です。上司のAさんは部下のBさんに「頼んだ書類ができていない」ことを理由に叱ろうと思っています。Bさんが、いちばん傷つく叱り方はどれでしょうか？

①Bさんの書類がつくられていない
②Bさんが書類をつくっていない
③Bさんに書類がつくる力がなかった
④Bさんが書類をつくろうともしなかった
⑤書類をBさんに頼むのではなかった。もうあなたはいらない

いかがでしょうか?

試しに、自分が人に叱られていることを想像し、①から⑤を順番に自分に言ってみてください。だんだんと強く「ズキッ」と心に刺さってくるのではないでしょうか。

自分のどの部分を「叱られた」あるいは「否定された」かによって、その人が傷つく可能性と傷ついたときの深刻度は違います。その人間にとって価値を感じるディテール部分であるほど、感情を傷つけられてしまいます。そして、そのショックが大きいほど、反発や怨恨の感情を生む確率が高いのです。

「①Bさんの書類がつくられていない」は、Bさんを直接非難せず「書類がつくられていない」という「状況」について語っているので、Bさん本人からすると、自分を

まだ否定されていません。

「②Bさんが書類をつくっていない」は、Bさんの「行動」に言及しています。Bさん本人に関わることですが、行動は変えやすいし、まだ取り返せる感覚があるので、そこまで深刻ではありません。

しかし、「③Bさんに書類がつくる力がなかった」は、Bさんにもともと「能力」が足りなかったと言っているのと同じです。これは今すぐ変えようがないので、Bさんも、自分の一部を否定されたように感じます。

「④Bさんが書類をつくろうともしなかった」は、Bさんの「仕事への姿勢」「生き方」が間違っていると言っていることになります。さらに、「⑤書類をBさんに頼むのではなかった。もうあなたはいらない」になると、Bさん自身の存在価値を否定するくらいの強さになっています。ここまで言われたら、どうしようもありません。取り返すチャンスもなく、すべての面目を失った心地になります。

■「状況」「行動」「能力」で与えるダメージが違う

人の意識には階層があると言われており、その人の本質により近いものが、その人にとってより重要なものであり、なににも変えがたいものです。たとえば、「状況」「行動」「能力」「仕事への姿勢」「生き方」があります。

否定されて叱られるとしても、「状況」のように自分と関わりはあるものの自分自身ではない部分や、「行動」のように取り返しのつく部分はまだいいのです。しかし、**「能力」のように自分という人間の優劣を決めるものは、深刻に受け取られます。**「これができないあなたはダメ」という言い方はめったにしてはいけないのです。

さらに「仕事への姿勢」「生き方」について非難するような言い方は、非常に反発も強いものです。そして「あなたはいらない」「あなたには価値がない」という言い方になると、言われたほうは自分の存在を否定された気持ちになるため、逆に言ったほうの存在を否定しようとさえ思う、強い感情の動きを起こすことになります。

■人は無意識の感情の動きに影響される

これらは、本人が自覚できる意識ではなく、無意識の反応です。ですから、たとえ相手に「あなたを否定していないよ」と言葉で言っても、いったん起こった相手の感情への影響はそうそう変えられません。

無意識の反応は感情を動かし、そこからの思考に影響します。そうなると、いくら理性で納得できる話をしても、受け入れがたくなることのほうが多いのです。

それと気づかず、人間関係を壊したであろうケースは、あなたも見たことがあるのではないでしょうか。

言っている本人は、それほど深刻なダメージを相手に与える気もなかったのに、言葉のアヤで相手の非常に深いところを傷つけてしまったとか、日ごろからきつい口調がクセだったので、感情が走るまま言いたいことをすべて言ってしまった、などの状況で、のちに強いわだかまりを残したケースです。

相手の感情へのダメージが大きければ、仕事そのものへのモチベーションを下げる可能性があります。また、深刻なパワハラともなりやすいのです。

なによりも、それでは「叱る」効果が見込めません。**叱るなら、通常は「状況」についてて注意を喚起するくらい、深刻に怒るにも相手の「行動」くらいまで**です。「能力」や「相手の姿勢」を言うなら、細心の注意が必要です。ましてや相手が「存在を否定された」と思うような言葉は厳禁です。

もちろん、言い方やタイミングで受け取り方も違います。しかし、人を叱ろうとするときのために、この話は覚えておいてください。

ここでは「叱るとき」の話をしましたが、ほめるときもこの「意識の階層」を考えながら行うと効果的です。ほめるときには、逆に「状況」や「行動」にとどまらず、「能力」「仕事への姿勢」「生き方」、そしてその人の存在価値を言いましょう。言われた本人への響き方がまったく違います。

POINT

× 「能力」「仕事への姿勢」を叱って、深く傷つける

○ 「状況」「行動」を叱って、行動をあらためさせる

RULE 38 マナーは「エグゼクティブの能力」である

ビジネスパーソンのマナーといえば、「名刺交換」「敬語」「電話応対・会社訪問の仕方」などを思い浮かべる人が多いはずです。そういった基本のビジネスマナーも大事ですが、それは社会人の入り口で学ぶ新人のマナーです。ポジションが上がり、役割も多くなると、食事、パーティ、人の接待、冠婚葬祭など社交的な場面はどんどん増えていきます。そんなときにうろ覚えでは、ビジネスの成功も危ういのです。

エグゼクティブには、エグゼクティブのマナーがあるのです。

■「余裕」がビジネスでの成果をもたらす

外資系企業の上級マネジャーのTさんは、マナーを含めた個人トレーニングを受けてくださっていました。スタートした当初、Tさんは、マナーや振る舞いといった知識をそれほど必要としていませんでした。重要な接待の席などでは上司がメインで、自分がメインでどこかに出ていくこともなかったからです。

しかし、トレーニングを始めてしばらくすると、Tさんの状況は一変しました。大きなプロジェクトの担当責任者に抜擢されたのです。

今までよりずっとレベルの高い層と会う機会が増え、食事やパーティ、海外出張などの重要な場面で、プロジェクトの代表として振る舞うことになりました。

このとき、Tさんは、マナーを学んでいたおかげで、百戦錬磨のビジネスパーソンを前にしても、不必要に緊張したり気後れしたりすることなく、堂々と振る舞うことができたそうです。結果的に、「あなたは信頼できる。ぜひビジネスをご一緒したい」と取引先から言われ、商談をまとめられたそうです。

マナーについての知識を実践することとの最大のメリットは、「余裕」を持てることです。「余裕」がなければ、精神的に負けてしまうのです。

食事のマナーに自信がないまま、つけ焼刃の知識でその場に臨めば、少なくとも、余裕のある会話や振る舞いは難しいでしょう。その時点で、ビジネスにおける優位性も持ちづらくなります。

そして、**マナーの心得がないことが露呈すれば、自分だけでなく自分が代表しているもの、体現しているものの品位や評価を傷つけてしまいます。**仕事はできるのに、チャンスが広がる会食やパーティでは途端に色あせてしまうのは、避けたいものです。

そのためには、「知っていればいい」だけでなく、とりあえず「不自由なく振る舞う」ことが大切です。ですから、「いつか、○○してから」ではなく、できるだけ早く意識し始めて、なじんでおく必要があるのです。

■マナーの目的は円滑なコミュニケーション

どんなマナーも目的としているのは、「コミュニケーションを円滑にすること」「相手を不快にさせないこと」、そして「自分が社会から正当な評価を受けること」です。マナーは、そのためのルールや推奨される振る舞い方です。

ビジネスシーンで考えると、ＴＰＯの区別とドレスコード、食事やパーティでの一通りの振る舞い方、人の紹介やあいさつの仕方などには、「とりあえず大丈夫」という自信を持っておいていただきたいと思います。

また、エスコートやホストの知識は、男性だけでなく女性も持つべきものです。これからは女性も誰かを遇し、その場を差配することが当然のようにあるはずです。

自信がなければ、マナー本を読んでください。格式あるレストランに行って、すこし緊張して食事をしたり、装ったりする場面を意識的に増やすのもおすすめです。そして、その気になったら、思いきって習いに行ってください。

どんな場面でも、目的となるのはあくまで有効なコミュニケーションです。そのコミュニケーションを円滑にするためには、お互いに気持ちよく、交流するための心得が必要です。これらのマナーは活躍するビジネスパーソンには「必須の能力」と言えます。

POINT

✕ マナーを学ばずに、品格や評価を傷つけてしまう

○ マナーを積極的に学び、大切な場面で「余裕」を持つ

RULE 39

食事の前に写真を撮らない

どこかに食事に行けば、料理の写真を撮るのが日常の光景になってきました。飲食店側も撮られることを意識して料理を提供するのが、マーケティングの一環になっています。「SNS映え」という言葉は流行おくれになるかもしれませんが、写真や動画を撮る行為はまだ廃れなさそうですね。

■「ライフログ」だけではなく「気づかい」も大切に

素敵なところでの食事、素敵な人たちと過ごした楽しいひとときを画像や動画で生活の記録を残す「ライフログ」は楽しいものです。SNSもどんどん利用しやすくなり、ライフログを残しやすくなっています。友人同士で思い出を共有できることも価値が大きく、私もその恩恵にあずかっている一人です。

そんな「いいところだらけ」の撮影とＳＮＳ利用ですが、**気をつけたいのは、まず撮影時の「撮る場所」「撮るタイミング」そして「あなたの見え方」**です。

喜々として、画像を撮るさまは、「かわいい」ものです。これは男性も女性も同じです。そしてそれは、その人をひどく無防備に見せます。友人同士の楽しいひとときであれば、なんの問題もないでしょう。むしろ、親しみを感じてうれしくなります。しかし、間柄や立場が変われば、注意が必要です。**かわいい印象、無防備な印象は、「信頼できる」「有能」という印象や、「品格」という印象とは両立しない**からです。

ビジネスが主な目的の場面や、フォーマル感が強めな場面では、「節度」のラインはすこし厳しめにしたほうがいいでしょう。仕事関係の会食では、撮影はしないと決めている人も少なくありません。

飲食店やその料理人によって撮影への考え方も、それぞれです。「早く味わってほしい」と考える人もいれば、「お客様の目を楽しませることができてうれしい」と考える人もいるでしょう。あるいは、「積極的に歓迎はしないけれども、時代の流れだから仕方ない」と考えている人もいるでしょう。

料理の撮影をどのように考えているかは、「撮影ＯＫ」「撮影ＮＧ」などと明示されていないかぎりわからないものです。

そんなときには、料理を持ってきてくれたウェイターに、「きれいな盛りつけなので、写真を撮ってもいいですか？」と確認してみればいいのです。そうすれば、「ありがとうございます、どうぞ」と言うお店もあれば、「申し訳ございません。当店では写真撮影はご遠慮いただいております」と断るお店もあるでしょう。

これが、撮影する場合に、料理人を尊重する現実的な方法ではないかと思います。

撮影してよいお店であっても、料理人からすれば、客先のテーブルの上に出したらすぐに食べてほしいでしょう。数秒ごとに温度は変化し、食材は水分を失っていきます。「被写体」となってしまっている間に、「料理」としての味や香りが失われていくのは、やはり寂しいことではないかと思うのです。

ですので、**どうしても撮影する場合には、二、三枚手早く撮影したら、食事を味わいましょう。**

時折、「会心のショット」を撮ることに熱心で、ライトの加減を見たり、お皿を動かしたりしながら、ずいぶん時間をかける人がいます。

料理は、同じテーブルの人の料理がそろったときが食べ始めるタイミングです。撮影している間、マナーの心得がある人たちを待たせて「おあずけ」をさせている状態になってしまいます。こうした状態は、どう見ても周囲に配慮できているとは言いがたいですし、「大人の品格」とは真逆を行くものです。

しかも、周囲は文句をはっきり言いにくいものです。ですから、ほとんどの場合は誰もなにも言いません。ただ受けた印象は沈殿して残るのです。そういった小さなことから受けた印象でも、その人に対する評価を変えていきます。そんな状態では、同席した人との縁を深めることもできません。

「撮影」に一所懸命になりすぎて、知らずに自分の評価を下げるようなことは避けたいものです。自分の楽しさに夢中になりすぎて、自分の行為が誰にどんな印象を与えるかに無頓着になってはダメなのです。

POINT

× 「撮影」に一所懸命になって、自分の評価を下げてしまう

○ 場所・場面に合わせて撮影を判断、撮るときは確認する

RULE 40

「かいがいしさ」を美徳にしない

日本では昔から食事の席で飲み物を注ぐ、料理を取り分ける、などの場面では、女性が自然とその役割をする風潮があります。以前は、そういう場面で女性がかいがいしく振る舞うことは美徳とされていました。近年、そういった女性への役割の押しつけの不自然さが指摘されています。それなのに、とくに男女対等なはずのビジネスの場面で、なにか「モヤモヤ」したものを感じている方はいないでしょうか。

■ワインを女性が注ぐのはマナー違反

コンサルタントのSさん（女性）は、財務アドバイザーを務める顧問先企業に食事に招かれました。その席で、Sさんが料理を取り分けることになってしまいました。接待される側であるはずの自分が、取り分けながら打ち合わせもすることになり、たいへんだったそうです。そのときに、相手側の経営トップは、「女性が注いでくれるお酒はうまいな」などと無邪気に喜んでいる始末です。Sさんは、なんとも言えないモヤモヤした気持ちになりました。

さて、Sさんはどうすればよかったのでしょうか。

まず、一般的なマナーを確認しておきましょう。

女性が男性にお酌したり、大皿料理を取り分けたりするのは、日本特有の慣習にすぎません。**欧米では、招待した側のホストあるいはお店のスタッフがお酒を注ぐのが一般的**です。イタリアンやフレンチで、女性が男性にお酌をしたり大皿料理を取り分けたりするのは、欧米のルールからすればおかしいことなのです。また、昨今の時代の流れから見ても、女性が男性からお酌を命じられるのはおかしいですし、セクハラという意識も強くなってきたので、今後、そうした場面は少なくなっていくでしょう。

Sさんのケースは、本来、お酌をしたり料理を取り分けたりするのは、ホストである経営トップです。Sさんは、接待されている側で女性の自分が注ぐ必要はないことを理解しつつも、「**命じられてはいないけれども、期待されているプレッシャー**」を感じて、結局自分がその役割を引き受けてしまったのだと言います（先方が女性にお酌を期待していたのであれば、まことに失礼な話です）。

マナーに照らし合わせて「正しい」「間違い」の区別をつけられるようにしましょう。**「本来はこう」という知識が、振る舞いを選ぶうえでの自信材料になります。**

ただし、無理強いされなくても、プレッシャーを感じるのは、「気が利かないと思われたくない」と思う女性らしい気持ちと、「空気を乱して波風を立てたくない」という日本人らしい同調性という、自分の内面的な要素によるものかもしれません。

■「かいがいしさ」はプレゼンスを損なう

こうした「給仕をする」「世話をする」という振る舞いを当たり前にしてしまうと、エグゼクティブ・プレゼンスの視点からすると好ましくないことが多々あります。

Sさんの場合は、「特定領域の専門家」として、クライアントに対して指導的な役割を担うはずです。しかし、給仕をしていては、まるで「アシスタント」のような見られ方をしてしまいます。このようなイメージの矛盾は、クライアントとのビジネスでの関係性に支障をきたすこともあります。

ビジネスシーンでは、このようなビジネスとしての「見え方」をよく考えましょう。ほとんどの場合、そこに「女性らしいかいがいしさ」は不要なはずです。それでも「必要」と判断したなら、モヤモヤすることなく、確信を持って振る舞えるはずです。自分の意思で「見え方」をマネジメントしましょう。

しかし、確信が持てても、実際のところ「私がやるのは間違いです」と突っぱねるのは波風を立たせるだけですし、難しいですよね。

では、Sさんはどうすればよかったでしょうか？

■「やりません」を賢く言うには？

「どうぞお先に、自分の分は自分で取りますから」

このセリフは、Sさんと同じような場面で、某企業の女性ディレクター（役員）が言ったものです。にっこりと笑って毅然と言っていたので、誰もがその場の振る舞いとして一番正しいように思えたでしょう。大皿料理を囲んでいた企業の男性幹部たちは「あ、ああ」と虚をつかれたように言って「ではお先に」と料理を取り始めました。

その場に同席していた私は、「なんてうまいセリフ」と、感心しました。相手に譲るような言い方に、「自分の分は自分で取りましょう」という相手への具体的な提案を感じさせるからです。よけいなことを言わず、自然に「私は給仕しません」という意思表示をしているのです。

名のある企業の幹部などの重鎮が並ぶなか、そのとき女性は私とその女性ディレクターを入れても三人ほどでした。料理が出てきて、「きっと、私たち女性が取り分けないといけないのだろうな」と思っていたときに、このセリフを聞いたのです。私ももう一人の女性も、あのセリフがなければ、あの場ではきっとプレッシャーに負けて、自ら率先して給仕役を務めていたでしょう。そんな私たちに向かって、女性ディレクターはにこりと目配せしてくれたのです。私たちをかばってくれたのです。

今よりもっと昔のことですから、女性幹部としてときに理不尽な思いもされたのではないかと思います。そのなかで、自分はどう振る舞うかを考え、それを柔らかく、しかも毅然と伝えられる言い方を研究されたのでしょう。そんな先人に会えたおかげで、賢い言い方を選択する努力を忘れたくない、と私は意識してきました。これが、「モヤモヤ」を感じる女性に役立つことを願います。

■ビュッフェで他人の分まで取るのはマナー違反

なお、ビュッフェ形式のパーティで、料理を他人の分まで取り分け、その人の席まで運ぶ人がいますが、マナー違反です。「自分の料理は自分でとる」のがマナーです。見た目もスマートではありません。身体が不自由な方などのための思いやりで持っていくのは別ですが、そうでなければ、これも「気が利かないと思われたくない」というプレッシャーを背負いこんでいるせいかもしれません。

「かいがいしさは美徳」「女性は積極的に人の世話をするべき」という意識のせいでプレッシャーを感じるなら、その考えはすっぱり整理してください。エグゼクティブ・プレゼンスに「なんとなくその場の空気に流される」ことは似合いません。「自分はどうするか」をしっかり持って、しなやかにスマートに振る舞う人になってください。

POINT

✕ その場の空気に流され、ついお酌や取り分けをしてしまう

◯ マナーの知識をもとに判断し、やんわりかわすひと言も学ぶ

RULE 41

レディファーストは「リテラシー」

「レディファースト」は、男性エグゼクティブに必須の心得です。欧米では当たり前とされる感覚で、五歳くらいの男の子でもふとした拍子に女性へエスコートの手を差し出します。日本ではまだまだ照れがあったり、体面を気にしたりして物慣れない人も多いですが、若手エグゼクティブを中心にレディファーストの振る舞いを積極的に実践しようとする人が増えています。

では、それを受ける側の女性の振る舞いはどうでしょうか？

■レディファーストは時代遅れ？

「レディファースト」は、もともと西洋の騎士道精神から生まれたものです。

その昔、騎士は武力を持つ強い存在であり、だからこそ道徳を重んじ、弱い者を常に助ける規律がありました。弱い者とは、子どもや老人、そして女性だったのです。その規律は王族や貴族という階級制度の発達のなかで、いつしか階級が上の人間の教養や心得、マナーとして定着しました。

女性のためにドアを開けてあげたり、押さえておいたりする。女性を優先してよい席に座らせる。必要に応じてきめ細かく手を貸して、親切にリードする。そんな男性は無条件にカッコいいと思えますよね。お互いを思いやり、美しい調和した世界をつくるための儀礼と余裕を持って受け止めたいものです。

一流になればなるほど、レディファーストがさりげなく自然にできる、というのは間違いない傾向です。

男女が同権、平等の昨今の流れを考えれば、「レディファースト」は時代錯誤のような感覚を持つかもしれません。たしかに、ビジネスの場では、女性に対してあまり特別扱いをすることはなくなっています。しかし、伝統的に受け継がれた習慣なので、教養として誰もが身につけているところがあるのです。伝統的な振る舞いが似合う場面では、紳士淑女といった風情に戻り、レディファーストの振る舞いになります。

ビジネスシーンにおいては、レディファーストの扱い方は、ダブルスタンダードに

なっているのです。そういった、「なにがふさわしい振る舞いか」ということを敏感に選ぶ時代になってきています。

■遠慮深すぎる日本人女性たち

エグゼクティブのIさんは、もともとレディファーストに抵抗がありませんでした。正式なマナーとしては知らないまでも、女性を優先する、手を貸す、などのことは気負いなく行っていました。

そして、仕事の関係で海外と日本を行き来するようになり、海外のビジネスマンがスマートに女性をエスコートするのを見て、「やはり、必要な振る舞いだ」とあらためて意識しました。その後、Iさんの振る舞いはさらに磨かれ、より自然なものになっていきました。

ところが、その振る舞いが洗練されればされるほど、日本では困惑するようになりました。それは、日本では遇される女性のほうが異常に照れたり、とまどったりすることが多いせいです。

たとえば、Iさんがドアを開けてあげると、「えー、なになに？　すごーい、さすがIさん」と騒ぎ立てる女性もいます。また、レストランで椅子を引いてあげると、「あ、そんな。すみません、すみません」とペコペコする女性もいます。

ただふつうに振る舞っていて、親切心のつもりなのに、照れてふざけてしまう態度や、卑下するような態度になるなど、海外とは違う日本の女性の反応に、Iさんはがっかりすることが多いというわけです。

じつは、こういう話をよく聞くのです。「やってみたら、笑われてやめた」「親切にすることに抵抗はないが、不自然な反応をする女性が多くて、日本はこういうところがまだまだ発展途上だと思う」といった声は少なくありません。以前は、この手の振る舞いについては、男性が女性に比べて「追いついていない」ことが多かったですが、いつの間にか逆転してしまったのでしょうか。

きっと、そんなこともないのでしょう。おそらく、日本の女性は遠慮深すぎるのです。あるセミナーで、レディファーストについて話したところ、参加者の女性から質問の手が挙がりました。その方は、「自分にはまだまだ足りないところが多い。それなのに、レディのように扱われたら申し訳ない。そんなときはどうしたらいいか」と聞いてきました。

私は思わず声を大にして言いました。

「なにかが足りない、などはありません。女性であるだけで十分です」

相手にレディとして扱われたのだったら、レディとしてきちんと振る舞おうとするだけで応えられます。そのことに資質や資格などありません。

相手の気持ちを尊重することを考えて、相手に応えるように堂々と自然に振る舞い、相手の親切に素直に感謝できればいいのです。

とくに、「エグゼクティブ・プレゼンス」は、変な遠慮や卑下するような言動はどんなときでも不要です。謙虚であることは大切ですが、謙虚な気持ちや態度は「相手の気持ちの尊重」「堂々と自然な振る舞い」「相手への素直な感謝」にこそ表れます。

「私なんか」という変に遠慮したり、照れてふざけてしまったりすることは、相手の親切の手を払い拒絶するのと同じことです。それでは思いやりに欠けてしまいます。

自信を持って堂々と、自然に、にこやかに受ければいいのです。

「レディファースト」は、グローバルな場では成熟した大人にとってのリテラシーです。今後は、日本でもどんどん浸透していくでしょう。そこで問われるのは男性の振る舞いだけではありません。女性の振る舞いこそが要なのです。さらに自然に振る舞えるように姿勢、動作、笑顔、言葉にも自信をつけていってください。

そして、女性も、好意に甘えている一方ではダメでしょう。もしもあなたが、年配の方や助力が必要な方を見たら、率先して手を差し伸べなければいけません。ドアを押さえたり、エレベーターのボタンを押したりして、親切にする役割を積極的に担いたいところです。

POINT

× レディファーストに、照れたり、ふざけたりしてしまう

○ レディファーストに、堂々と、自然に振る舞い、感謝する

「女性ならではの感性」に振り回されない

「女性ならではの感性に期待する」。経営上層部から女性が言われる言葉の一つです。私自身も何度となく聞きました。

クライアントのなかには、「女性らしい感性なんて私にはないんです」などと、自嘲する人もいます。彼女たちは責任感も強いため、期待に応えたいという気持ちも強いのでしょう。

私は、「『女性ならではの感性』ってなんですか？」と、何度か質問したことがあります。すると、「男性だと気がつきにくい細かいところへの気づき」「トレンドやグルメに強いところ」「とにかく柔軟」「人の心に敏感」と、まともな答えが返ってきたことはほとんどありませんでした……。

まともでないというのは、こうした「感性」は女性だけに期待するようなものではないからです。それを「感性」と言うのは、少なくとも仕事でプロフェッショナルに期待する種類のものとは違うのではないでしょうか。

たしかに、「女性ならではの感性」もあるでしょう。性の違いがあれば、同じ事象を見ても、感じることや、そこから発想することも違う可能性はあります。そうした違いが硬直を打破することもあるでしょう。でも、それは人間それぞれが違うところであり、女性だからと一般化できるものではないでしょう。

「女性ならではの感性」という曖昧な言葉のせいで悩む必要はありません。プロフェショナルとしての役割を意識し、自身の強みや個性といった魅力を最大限に活用しながら、行動すればいいのです。

おわりに

最後までお読みいただき、ありがとうございます。

いかがでしたか。きっと「今までまったく意識していなかった」と感じたところもあれば、「無意識にやっていた」「たしかにあの人はそうしていた」と感じたところもあったかと思います。

「今まで意識していなかった」ことは、すぐに意識して実践していただければうれしいです。そして、「無意識にやっていた」ことは、あらためてやり方を見直し、確信をもってさらに実践していってください。

どんなことも「知っている」ことと「できる」ことがうまく両立しないと役に立ちにくいものです。たとえば、姿勢一つとっても「そうそう、姿勢は大事」と頭でわかっていても、毎日の姿勢が変わらないままではダメですし、たまに思い出すだけでも、やはりダメなのです。やろうと思ったら、意識しなくてもできるようになるまで実践し続けてほしいのです。

毎日繰り返し実践するうちに、いろいろな要素の違いに慣れ、違いが身につき、さらに洗練されていくはずです。

この本で紹介したのは、意識し、日常をちょっと変えていくだけで、品格、貫禄、余裕を感じさせ、凛とした印象になるポイントばかりです。意識して身につけていただければ、それだけで「エグゼクティブ・プレゼンス」を高められます。

本人がことさらに構えなくても、いつの間にか人の耳目を集めるような存在感、オーラにつながります。

本書で何度か申し上げたように、「客観的な視線」はエグゼクティブ・プレゼンスに欠かせません。どこかクールに興味を持って自分を観察するような感覚を持つことが、とても大事です。「前はここに気がついていなかったのかも」「こうするとここが変わるな」と自分観察を楽しんでください。

なによりも、「できる」という確信を深めることで「自信」が強くなります。「エグゼクティブ・プレゼンス」を他人に感じさせるうえで、どんな要素においても「自信」は欠かせないものであり、また最大に効果を発揮するものです。

「エグゼクティブ・プレゼンス」をこれまで以上に意識し、高め、しなやかにご自身の能力や経験の確かさを示し、したたかにその見せ方を工夫してください。それによって、実力や専門性にふさわしい評価を得られ、ますますビジネスシーンで活躍する女性が増えれば、著者としてこれほどうれしいことはありません。

この本の出版まで粘り強く導き、助けてくださった日本実業出版社編集部のみなさまに深く感謝申し上げます。そしてここまで、多くの友人、仕事仲間、そしてクライアントのみなさまにさまざまな知見をいただきました。お名前をすべて挙げることはできませんが、この場を借りて心よりお礼を申し上げます。
最後に、ここまで読んでくださったあなたに深くお礼申し上げます。

二〇一九年三月

丸山ゆ利絵

丸山　ゆ利絵（まるやま　ゆりえ）

日本初のプレゼンスコンサルタント®。アテインメンツ代表。大学卒業後、ホテル西洋銀座、ホテルオークラおよび国内のエグゼクティブ向けビジネスクラブ経営会社で、社長秘書をはじめとする要職を歴任し、一流といわれる財界人と交流をもつ。日本有数のビジネスクラブ「アークヒルズ・クラブ」設立時に中心メンバーとして参画した後、独立。数千人の財界人との交流を通じて培った「超一流とそうでない人の違い」を分析し、一流を目指す人に求められるプレゼンス（存在感）を体系化。大手電気通信事業会社、外資系コンサルティングファーム、生命保険会社などのクライアントから厚い信頼を集める。著書に『「一流の存在感」がある人の振る舞いのルール』『「一流の存在感」がある人の気づかいのルール』（ともに日本実業出版社）がある。

「一流《いちりゅう》の存在感《そんざいかん》」がある女性《じょせい》の振《ふ》る舞《ま》いのルール

2019年３月20日　初版発行

著　者　丸山ゆ利絵

発行者　吉田啓二

発行所　株式会社日本実業出版社　東京都新宿区市谷本村町３−29 〒162-0845
大阪市北区西天満６−８−１ 〒530-0047

編集部　☎03-3268-5651
営業部　☎03-3268-5161　振　替　00170−1−25349
https://www.njg.co.jp/

印刷／厚徳社　製本／若林製本

この本の内容についてのお問合せは、書面かFAX（03−3268−0832）にてお願い致します。
落丁・乱丁本は、送料小社負担にて、お取り替え致します。

ISBN 978-4-534-05673-3　Printed in JAPAN